U0096918

基督教文化研究丛书

主编 何光沪 高师宁

十编 第 **7** 册

基督教与近代中国变局（下）

张 德 明 著

花木兰文化事业有限公司

国家图书馆出版品预行编目资料

基督教与近代中国变局（下）／张德明 著 —— 初版 —— 新北市：
花木兰文化事业有限公司，2024〔民113〕
目 4+154 面；19×26 公分
（基督教文化研究丛书 十编 第 7 册）
ISBN 978-626-344-620-5（精装）
1.CST：基督教史 2.CST：中国
240.8   112022496

ISBN-978-626-344-620-5

9 786263 446205

基督教文化研究丛书
十编 第 七 册   ISBN：978-626-344-620-5

基督教与近代中国变局（下）

作　　者 张德明
主　　编 何光沪、高师宁
执行主编 张　欣
企　　划 北京师范大学基督教文艺研究中心
总 编 辑 杜洁祥
副总编辑 杨嘉乐
编辑主任 许郁翎
编　　辑 潘玟静、蔡正宣　美术编辑 陈逸婷
出　　版 花木兰文化事业有限公司
发 行 人 高小娟
联络地址 台湾 235 新北市中和区中安街七二号十三楼
　　　　 电话：02-2923-1455 ／ 传真：02-2923-1452
网　　址 http://www.huamulan.tw 信箱 service@huamulans.com
印　　刷 普罗文化出版广告事业
初　　版 2024 年 3 月
定　　价 十编 15 册（精装）新台币 40,000 元

基督教与近代中国变局（下）

张德明 著

第九章　从《申报》看日军对英美在华基督教的破坏（1937-1941）

　　鸦片战争后，英国、美国、挪威、加拿大、瑞典等国的基督新教传教士纷纷来华传教，并且在华建立了教堂、学校及医院在内的庞大教会产业，其中又以英美基督教的规模最大。自 1937 年 7 月日军发动全面侵华战争以来，到 1941 年 12 月太平洋战争爆发前，虽然其并未与英美开战，但不顾国际法规定及英美的抗议交涉，实行无差别轰炸，肆意轰炸英美等中立国在华教堂、学校及医院等场所，侵害英美教会及传教士，造成了其重大人员、财产伤亡，学界对此却关注不足。[1]为此，本章拟选取民国《申报》[2]在 1937 年 7 月至 1941 年 12 月期间有关日军破坏英美在华基督教的记载，从日军对传教士的侵害、对教会产业的轰炸、对教会产业的损害及日军破坏引起的外交交涉等四方面进行论述，以深化对日军在华暴行及此时期复杂国际关系的认识，丰富日本侵华史与民国基督教史的研究。

第一节　迫害传教士

　　日军自 1937 年卢沟桥事变以后，不断扩大侵略区域并稳固其统治。虽然

1　从目前公开出版的成果看，顾卫民：《基督教与近代中国社会》（上海人民出版社，2010 年）、罗伟虹主编：《中国基督教（新教）史》（上海人民出版社，2016 年）及李传斌的《战争、医院与外交：全面抗战之初的教会医院，1937-1938》（《抗日战争研究》2016 年第 1 期）等论著，对 1937-1941 年期间英美基督教在抗战中的损失有所涉及，但比较简略，许多史实仍需要补充。
2　本章注释中的《申报》，除特别标注发行地外，其他均为上海发行。

英美政府曾建议在日军占领区活动的传教士撤离战区，但这些传教士除了部分撤离、躲避外，大部分出于人道主义与宣扬基督福音的考虑，仍在原地区进行传教及救护活动。鉴于基督教与西方国家的密切联系，日军出于维护国际关系的考虑，仍然允许英美传教士继续在沦陷区活动，但对他们进行了各种迫害，特别是在1939年的反英运动中对英国传教士的迫害尤甚。

日军占领南京、上海后，对于这两地的外国传教士，起初不准其传教，《申报》在1938年2月13日报道称："外报记者询问日陆军发言人，日本当局能否允许外国传教士重返上海、南京之间日军所占据各区域内传教，据答称：交通梗阻，中国游击队亦出没无常，外国传教士一时自难重返原地传教。"[3]但经英美交涉，始有改观，传教士被允许在南京继续传教。如1938年6月，美国传教士11人、英国传教士14人在日军发放通行证后，得以返回南京传教。[4]

当时英美传教士虽然陆续获准在日军占领区继续传教，但经常遭受日军的刁难甚至身体伤害，《申报》对此多有报道。如1938年3月22日的《申报》称：2月20日，沧州英国教士慕莱因不愿向日军脱帽鞠躬，为一日哨兵所殴击，后一日军官又加以强迫，慕莱被迫听命。[5]同年11月28日《申报》还报道称：在汉口的美教会医师罗芝证明日军曾以硝酸向其面部喷射，并谓此实系有意行动。[6]1939年8月31日《申报》则报道了苏州的英国教士被日军检查，遭受侮辱的情况：8月23日，"有英籍传教士男女各二人行经阊门，意欲进城，当由日守望兵拦阻，询彼国籍，知彼为英人，即以老拳击其胸前，旁侧之英妇与之理论，日兵复以刺刀相向，并逼令二人身上之银钱及什物等，一并取出，听候检查。该英人无奈任由日兵在身上乱摸，经十分钟之久，日兵始挥手使彼进城。"[7]再如1940年5月9日《申报》报道称：美国女教士艾康普日前在青岛登岸时，随身携带的旅行支票美金五百元及其他现款，被日方官员索去，经美领事交涉后才收回。[8]至于因日军轰炸或进攻造成传教士受伤者则是更多。如1940年12月29日的《申报》曾报道称：女教士希尔蒂与其他教士多人，

3　《敌拒外教士返京沪服务》，《申报》汉口版，1938年2月13日，第2版。

4　《美侨财产敌方已允归还，英美教士亦可返京》，《申报》汉口版，1938年6月4日，第2版。

5　《敌迫令英侨脱帽鞠躬，英方提出交涉，敌又诿词卸职》，《申报》香港版，1938年3月22日，第2版。

6　《日军拳击美国国旗，经罗医师证明》，《申报》1938年11月28日，第4版。

7　《苏州英教士，被日军检查》，《申报》1939年8月31日，第8版。

8　《山东日军虐待美侨，美桥被拘或被抢夺款》，《申报》1940年3月9日，第8版。

前往广东韶关服务，途中乘船前行，在 1940 年 11 月 30 日被日机两架猛烈扫射受伤，险遭毒手。[9]

当时还有传教士遭到日军的非法拘禁。如 1939 年 1 月 2 日的《申报》报道称：鼓浪屿英籍教士弩着盔被日派兵绑往厦门，禁在日海军司令部内。[10]再如 1941 年 7 月底，为报复美国冻结日本在美资产，日军在江苏拘禁多名美国传教士，《申报》对此进行了多篇报道。据 8 月 17 日的《申报》报道：有美籍女教士韦尔丝一人，在日军夺占的淮安教会医院里被勒毙，并有美教士 4 人在清江浦被扣之消息。[11]8 月 19 日的《申报》继续关注此事进展，确认了女传教士并未被杀，而是被关在自己住宅中，同时称苏北清江浦之美教会工作人员，已于 8 月 16 日释放。这些人员于 7 月 31 日起被拘禁，不许见任何外人，亦无充足食物。[12]

甚至还有英美传教士被日军杀害或被炸身亡，并且在各地战区发生多起类似事件。如 1938 年 2 月 2 日的《申报》报道：1938 年 1 月 19 日，美国传教士三人在山西阳泉车站被日军枪杀，其中有女传教士两人[13]；同年 7 月 25 日的《申报》还曾报道：1938 年 2 月 10 日，河南兰封曹岗附近，美女教士一人被日机投弹炸死，3 月 10 日，山东滕县美教士一人被日机炸死。[14]再如 1939 年 3 月 20 日的《申报》报道了英国监理会传教士雷氏于 3 月 15 日日机轰炸平江时，在教会附近被炸殒命。[15]除了轰炸外，日军在地面进攻过程中还造成了传教士的死亡。如 1941 年 5 月 1 日的《申报》曾报道：日军最近攻击海南岸上之海州时，曾有美教士一人遇害。[16]但有时《申报》对传教士死亡的消息报道并不准确，如 1938 年 5 月 23 日《申报》称由太原赴代县途中被日军杀害的美籍教士有魏特与万拉斯贝两人[17]，但实际情况此两人为英国浸礼会传教士，且是被中国游击队当成日军误杀。[18]

9　《美国女教士险遭日机射中》，《申报》1940 年 12 月 29 日，第 10 版。

10　《鼓浪屿日军绑架英籍教士》，《申报》1939 年 1 月 2 日，第 6 版。

11　《美教士在淮安罹难，美领已接报告》，《申报》1941 年 8 月 17 日，第 10 版。

12　《淮安美教士被羁禁》，《申报》1941 年 8 月 19 日，第 7 版。

13　《日兵在阳泉杀害美法侨》，《申报》汉口版，1938 年 2 月 2 日，第 1 版。

14　《我全国各地被敌滥炸统计》，《申报》汉口版，1938 年 7 月 25 日，第 2 版。

15　《英教会被炸，牧师雷氏惨死》，《申报》香港版，1939 年 3 月 20 日，第 3 版。

16　《美教士遇害》，《申报》1941 年 5 月 1 日，第 4 版。

17　《被敌杀害之美教士，尸身运抵并》，《申报》汉口版，1938 年 5 月 23 日，第 1 版。

18　H.R.Williamson,*British Baptists in China,1845-1952*, London:The Carey Kingsgate Press Limited ,1957,p.162.

　　还有一些传教士则是被驱离原传教地，这在 1939 年日本的反英运动表现最为明显。1939 年以来，日本在占领区掀起反英运动，运动的一般原则就是隔绝英人与中国人之关系，并将他们与其他外国人区别开来，从而予英国人以精神上的打击。[19]日军将铲除英国教会势力作为反英运动重点之一，当时《申报》对反英运动中针对基督教的破坏记载颇多。反英运动初期多是日军对英国传教士故意刁难，但自 1939 年 7 月以来，反英运动从和平抗议转向暴力。因英日并未开战，在反英运动中，各地的英国传教士也遭受日军各种迫害，被威逼驱逐出境，其方式多是指使中国暴民来驱赶恫吓传教士，其中在华北地区尤为强烈。1939 年 7 月 30 日的《申报》报道了开封反英运动称：英籍教士约二十人，因 7 月 7 日教会被暴众包围袭击，进行最激烈之恫吓，被迫离开开封，并接到决不准许再入的警告。[20]同年 8 月 5 日的《申报》还以《侵占区英籍教士，已遭重大压迫》为题报道：日本在侵占区反英运动已将注意力转向英国传教士，在上海的多位英国传教士被逐出，内地的传教士在暴徒威胁下退出房产，如山西临汾与洪洞的英国传教士均已撤退，英国浸礼会在山西代州、忻州及太原的传教士也在恫吓下撤退。[21]同日的《申报》还在另外消息中对各地反英运动对传教士造成的影响报道称："自华北各处激起反英运动以来，英人七十人，大部为传教士，已自各处自动或被迫撤退。"[22]同年 9 月 25 日的《申报》还报道称：反英运动已延至冀南邯郸及河间，该处之英国传教士，本星期被反英会驱逐出境。[23]到 1939 年年底，在山东、山西、河北、河南等地的英国传教士，多数人已经被日军以各种方式驱离。据 1940 年 3 月 22 日的《申报》对反英运动对教会的影响进行总结称：因华北日方之反英运动，冀鲁晋豫四省外籍教士之被迫退出者，已达 136 名。[24]此外，除了华北地区为重灾区外，其他地方的英国传教士在 1939 年也遭受到反英运动的影响，但《申报》的报道不多。1940 年上半年，反英运动才基本平息。

19　详情可参见王春英：《日本在华占领区内的排英运动》，《近代史研究》2010 年第 6 期。

20　《开封英教士廿人，遭威胁后退出》，《申报》1939 年 7 月 30 日，第 11 版。

21　《侵占区英籍教士，已遭重大压迫》，《申报》1939 年 8 月 5 日，第 10 版。

22　《反英运动声中，天津又有新暴行》，《申报》1939 年 8 月 5 日，第 6 版。

23　《冀南英教士被逐出境》，《申报》1939 年 9 月 25 日，第 3 版。

24　《华北四省教士，被迫出镜》，《申报》1940 年 3 月 22 日，第 6 版。

第二节　轰炸非占领区的教会产业

日军自全面侵华以来，虽然宣称保护第三国的在华人员与财产安全，实际上却不顾国际法规定，对属于"非军事、中立且是第三国"的外国在华教会产业进行了无差别轰炸，给教会造成严重的财产与人员损失。英美等国基督教为防止误炸，都在屋顶高悬国旗，但其教会及学校、医院仍经常遭到日军故意的轰炸，其目的则是破坏外国在华的各种资产，以削弱其在华势力。

抗战全面爆发后，中日战事频繁，日军在战时蔑视国际公法，对属于中立国的英美的教堂及教会房屋，尽管其多悬有国旗等标识，但仍滥施轰炸，致其损失甚大。如 1937 年 9 月 12 日，日军轰炸了美国在惠州的教会，且为故意轰炸，如 9 月 14 的《申报》报道称：当时日机"飞行甚低，当能见及飞扬该教会屋顶上之美国国旗。该教会与附近中国军队驻地，至少相去半英里，但日机于轰炸华军驻在地之后，继即向该教会投弹，故其此种行动，显出于故意。"[25] 1938 年间，日军的轰炸继续，如 1938 年 5 月 15 日的《申报》报道：徐州美长老会教会，于 5 月 11 日被日机轰炸，中弹二枚，其一击中该会教堂，损失约在一万八千元，屋顶上曾漆有美国的巨大国旗二面。[26] 1938 年 12 月 22 日的《申报》以《各地美教会惨遭日机轰炸》为题报道称，1938 年间，日机轰炸华中、华南之美教会机关者，共达五十次，其中有三十次均予美教会以损害。[27] 1939 年后，在中日战事战略相持阶段，随着英美援华力度加大，日军仍然对英美教会进行轰炸，1939 年的《申报》几乎每月都有教会遭受轰炸的报道。如 1939 年 1 月 23 日的《申报》报道：日机 1939 年 1 月 16 狂炸江西庐山牯岭，共投二十余弹，延洪路英国传教士产业第四十一号，美国传教士产业第四十四号，美以美传道会之房屋及美国教会之房产，均曾被炸。[28] 1939 年 3 月 11 日的《申报》还对宜昌美教会被炸进行报道称：3 月 8 日，日军轰炸宜昌，在该地美国教堂四周投下炸弹十七枚，房屋一座已完全被毁，其他三座建筑物，连教堂在内，均被轰炸，美国教会人员均幸无恙。[29] 4 月 3 日的该报还报道了日本在 3 月 15 日轰炸平江英国教会，提出似属故意轰炸，称："日本飞行员未

---

25 《敌机昨又轰炸惠阳美教会医院》，《申报》1937 年 9 月 14 日，第 2 版。

26 《徐州美教会被敌炸毁，美使馆向日交涉》，《申报》1938 年 5 月 15 日，第 2 版。

27 《各地美教会惨遭日机轰炸》，《申报》香港版，1938 年 12 月 22 日，第 8 版。

28 《外侨对牯岭被炸极愤慨》，《申报》1939 年 1 月 23 日，第 4 版。

29 《宜昌美教会被炸，美领向日提抗议》，《申报》香港版，1939 年 3 月 11 日，第 3 版。

注意旗帜，实属不可能，盖教会房屋宏敞，并有巨大英旗标明之，而地面亦漆有巨大白色字样云。"[30]同年 5 月 17 日、28 日的《申报》还分别报道了日机 5 月 2 日轰炸桐柏美国路德教会与 5 月 5 日轰炸唐河之美国路德教会，并提及福州蒲田美教堂被日机炸毁一事。[31]之后该报不时载有美国教会遭轰炸之消息，10 月 10 日的《申报》曾报道称："闻自本年初迄今，日机轰炸美国在华教产，连今次醴陵之教会计算在内已达六十起。"[32]而且即使美国提前通知日军教堂位置仍然遭受轰炸。如 1939 年 3 月 20 日，美国在湖北樊城的豫鄂信谊会被炸毁事，"六月前美方已将各地之美教会财产所在地图，交与日方，乃轰炸教会财产事仍屡出不穷。"[33]从《申报》当时的具体报道看，1938-1939 年间关于英国教会被炸的报道相对较少，而多是关于美国教会被炸报道。

1940-1941 年，日军对英美教会的轰炸仍然继续，其中为迫使以重庆为陪都的国民政府屈服，重点轰炸重庆、成都所在的四川地区，也波及了英美教堂及房屋。1940 年 5-9 月，日军发动对四川的大规模轰炸，对教会造成重创。如 6 月 16 日的《申报》在报道中称：6 月 12 日，日军空袭重庆，美国耶稣降临节安息日会及美以美教会，均已蒙受巨额损失。其中，耶稣降临节安息日会炸毁教堂一座，损失为国币二万元。[34]7 月 27 日的《申报》还报道称：7 月 24 日，日机轰炸成都时，美国浸礼会教堂及财产，受损甚巨，但未完全焚毁。[35]在日军入侵中国过程中，英国的教会尽管悬有英国国旗，也仍被日军轰炸。如 1940 年 8 月 30 日的《申报》对江西吉安的英国教会 8 月 3-4 日被日机轰炸的情况称："三日该教会院内落弹三枚，炸毁小礼拜堂一处，女子学校一所，及附属之住宅一幢。翌日又落四弹，大礼拜堂之大部份，及大礼堂均被炸毁，该教会外籍教士住宅之屋顶均塌下，各门窗皆被震碎。闻该教会礼拜堂之房顶，悬有英国旗帜，颇为明显。"[36]1941 年，日军发动夏季攻势，对重庆、成都的轰炸继续，英美教堂仍受到重创。如 7 月 29 日的《申报》对日空军袭击成都进行报道称：7 月 28 日，大批日机狂炸此间，美国的

30 《平江牧师炸死霝耗，沪教会极震惊》，《申报》1939 年 4 月 3 日，第 10 版。
31 《日机轰炸美国教会》，《申报》1939 年 5 月 17 日，第 3 版；《日机飞福州投弹》，《申报》1939 年 5 月 28 日，第 4 版。
32 《醴陵美教会遭日轰炸》，《申报》1939 年 10 月 10 日，第 3 版。
33 《樊城美教会被炸，美又提抗议》，《申报》1939 年 3 月 26 日，第 3 版。
34 《蒋委员长拨款五万元，救济在渝被炸难民》，《申报》1939 年 6 月 16 日，第 6 版。
35 《日机轰炸成都，教会财产受巨损》，《申报》1940 年 7 月 27 日，第 4 版。
36 《赣省教会产业被日投弹》，《申报》1940 年 8 月 30 日，第 3 版。

圣约翰教堂已完全炸毁。[37]从 1940-1941 年的《申报》报道看，关于英美教会被轰炸的次数已经低于 1938-1939 年，而英国教会被炸报道仍然较少。

从上文可以看出，日军对英美教会的轰炸在 1937-1941 年间是持续不断的，特别是 1939 年时为最高峰期，而美国教会遭受的轰炸最为密集。而且有些教会被日军多次轰炸。如 1940 年 1 月 20 日的《申报》报道称：广东江门小榄方面之美教会，曾于 1 月 4 日为日军炮击，教会房屋中之窗户，多为震毁，按该教会于去年 6 月 12 日亦曾被日军炮击。[38]1941 年 8 月 8 日的《申报》报道衡阳美教会被炸称：湖南衡阳长老会房产，自 1938 年 11 月起，遭轰炸而受损者，共已七次，而 1941 年 8 月 4 日遭轰炸之屋宇，曾于前三次遭破坏弹与燃烧弹击中，损害颇重，该教会之住宅三幢，有已全毁者，亦有半毁者。这些房产都绘有美国的巨大国旗以求避免日军轰炸，但仍未幸免。[39]

当时处于战区的英美教会医院多是继续开办，并收容中国难民，救助中国伤兵。日军在进攻中国各地过程中，对于英美教会医院等也同样进行了轰炸，造成了严重损失。如 1937 年 8 月 27 日的《申报》曾以对日机轰炸南通的美国教会医院进行报道称：8 月 17 日上午 9 时，日机十架出现于南通上空，在南通基督医院及其周围掷弹六枚，一弹击中医院病房导致爆炸起火，将该病房完全毁灭，医院住所另有两处倾倒。而且该院院址系在南通郊外，"其邻近并无工厂、飞机场以及其他军事机关，日机之轰炸，决非由于错误，实为故意的毁炸慈善机关。"[40]虽然美国进行多次抗议，但日军的轰炸仍然继续。如 1938 年 9 月 19 日的《申报》报道了郑州美国浸信会医院遭受轰炸消息：自 1938 年 2 月以来，日机轰炸浸信会医院，投弹之数，共十二枚，房舍多遭炸毁，损失甚重。[41]1939 年 3 月 24 日的《申报》介绍了日军在 1939 年 3 月的三次空袭轰炸对美国在郑州的浸信会医院造成的损失，同时提到美国南浸信会设于桂林之医院，亦被日军烧夷弹击中而起火焚烧，美国北浸礼会在华南潮州之医院一所，亦被摧毁。[42]英国的教会医院也遭受到日军轰炸。如 1939 年 4 月 15 日的

37　《日机九十余架昨再袭川》，《申报》1941 年 7 月 29 日，第 5 版。
38　《日军炮击粤美教会》，《申报》1940 年 1 月 20 日，第 3 版。
39　《衡阳美教会七次被炸，屋宇均绘画国旗，但不免迭遭炸及》，《申报》1941 年 8 月 8 日，第 7 版。
40　《日机故意炸毁南通基督医院》，《申报》1937 年 8 月 27 日，第 7 版。
41　《教会医院时遭轰炸》，《申报》香港版，1939 年 9 月 19 日，第 4 版。
42　《郑州美教会产业，日机三度轰炸》，《申报》1939 年 3 月 24 日，第 9 版。

《申报》报道了西安的英国浸礼会医院被炸消息,称在 3 月 7 日的日军空袭中,被命中两弹之英国浸礼会医院,"虽仅炸毙二人,但院内设备受损甚大,两处手术间之一,病理试验室及 X 光室,均已完全被毁,甚至各显微镜亦被破坏殆尽。"[43]同年 5 月 13 日的《申报》还报道称:湖北随县于 5 月 5-6 日两日遭日机空袭,英国美以美教会之医院,亦被一弹击中,有墙垣被炸毁,病人医生与看护,幸避于防空壕,未有伤亡。同时还称中日战事开始以来,教会医院被炸者,该医院已属第三十八所。[44]美国教会医院在 1940-1941 仍然遭受日机轰炸。如 1940 年 6 月 16 日《申报》报道称:6 月 12 日,日机轰炸重庆时,美国美以美教会之病院、住宅、妇女病院、护士宿舍及病院设备,均多半被毁,其损失共计为美金一千元。[45]1941 年 6 月 2 日的《申报》又曾报道称:6 月 1日,日机十八架轰炸重庆城中区时,美国监理教会所设之医院,亦被直接命中两弹。教会方面估计医院之损失约在一百万之上。[46]上述英美教会医院多在军事地带之外,或者处于城郊,日军仍然进行了轰炸,且很多为故意轰炸。

在全面抗战初期,英美在华教会学校虽然继续开办,也经常受到日军轰炸,被任意摧残,损失惨重。当时美国教会学校被炸消息频频见于报端。如 1937年 8 月 27 日的《申报》报道,8 月 17 日,日军轰炸南通时,有炸弹落于美国教会设立之崇英女子中学,将该校新落成之健身房完全炸毁[47];1938 年 7 月25 日的《申报》还对日本轰炸外国设施进行总结,提到了 1938 年多所美国教会学校被炸,如:1 月 1 日,广州美国设立美华协和两教会学校被日机炸毁;广州美人所办之岭南大学,被日机轰炸中三弹;6 月 12 日,武昌美国圣公会所办之希理达女子中学,屋顶悬有五十英尺长之美国旗。日机竟亦视为轰炸目标,集中投弹,校内落二弹,毁房屋二栋;6 月 15 日,青岛西北五十英里之平度被日机轰炸,美国浸信会小学校被炸,校舍受损颇重,又女子小学校园内亦落二弹;6 月 16 日,广州美国传道会设立之圣希利达女校校舍全炸毁。[48]1939年 3 月,日军多次轰炸宜昌,教会学校也受到波及。3 月 12 日的《申报》报

---

43 《日机轰炸声中,西安近状一斑》,《申报》1939 年 4 月 15 日,第 4 版。

44 《湖北随县两遭空袭》,《申报》1939 年 5 月 13 日,第 10 版。

45 《蒋委员长拨款五万元,救济在渝被炸难民》,《申报》1939 年 6 月 16 日,第 6版。

46 《美教会医院,遭日机轰炸》,《申报》1941 年 6 月 2 日,第 4 版。

47 《日机故意炸毁南通基督医院》,《申报》1937 年 8 月 27 日,第 7 版。

48 《我全国各地被敌烂炸统计》,《申报》汉口版,1938 年 7 月 25 日,第 2 版。

道称：七八两日日军轰炸宜昌，美国圣公会所办美华学校悬有美旗，被落六弹。[49]3 月 19 日，该报又报道称：3 月 14 日，宜昌遭日机轰炸，城内美国圣公会所办之学校一所，完全炸毁。[50]1939 年 7 月，日军进攻广西时，也对教会学校造成破坏。7 月 31 日的《申报》曾报道称：日本轰炸机十八架，7 月 26 日轰炸广西东部梧州城内人口稠密之区，美国浸信会所办之圣经学校，被烧夷弹八枚所毁。[51]实际美国为防止教会学校被日军轰炸，也在屋顶悬挂国旗，但仍无济于事，日军很多次为故意轰炸。如美国教会所办福州协和中学在 1939 年 6 月 29 日遭到日军轰炸，"前时美方曾将其所在地通告日方，且在屋顶漆有大美国国旗二面，日机当能窥见，再则日机轰炸时，飞行甚低，更无误会之可能，但在校舍之西面，被击中一弹，随即起火，以致全校悉告焚如。"[52]需要说明的是，当时英国在华教会学校数量少于美国教会，对其遭受日军轰炸的消息在《申报》中并不多见。

第三节　侵害占领区的教会产业

日军在侵华战事中，除了对英美教会产业进行轰炸外，还在占领区内对其教会产业进行了大肆损害，试图控制利用教会为侵华服务。虽然日军名义上不干涉英美在华基督教的活动，但仍以各种理由破坏教会产业，甚至直接进行了侵占，导致很多英美教会及其开办的医院、学校因战事被迫关闭，这在《申报》中也报道较多。

日军在侵华过程中，曾对一些英美教会进行直接抢占或抢劫毁坏，作为军用。如 1938 年 11 月 7 日的《申报》报道称：自合肥陷落后，美人教会所有产业，尽为日军事当局所占，仅教会医院得以保全。[53]1938 年 12 月 12 日的《申报》还报道了美国南长老会在战时的受损情况称：该教会所属各分教会均在沦陷区域，被毁者颇多，还有日军霸占教会的部分房屋，拒不退出。如浙江嘉兴日军拒不退出属于美国南长老教会的住宅，其理由为日军总部不

49　《宜昌美教会被炸情形，渝方已接详报》，《申报》香港版，1939 年 3 月 12 日，第 3 版。

50　《大批日机，昨又四出狂炸》，《申报》1939 年 3 月 19 日，第 4 版。

51　《美教会学校在梧被炸》，《申报》1939 年 7 月 31 日，第 7 版。

52　《日机炸协和中学，美提抗议》，《申报》1939 年 7 月 1 日，第 3 版。

53　《合肥日军强占美教会产业》，《申报》1938 年 11 月 7 日，第 7 版。

能迁移他处，该会在江阴的分教会几乎全遭焚毁。长老教会的分教会仍为日军所占者颇多，大半用作兵营或司令部。[54]1940 年 1 月 11 日的《申报》还报道称：1939 年 12 月 21 日，日军进抵龙州时，曾闯入美教会大肆劫掠，至翌日又来举火将教产焚毁。[55]所幸被日军强占的部分教会产业，经英美交涉后多会归还。

当时很多英美教会因日军侵华而被迫停顿传教，即使仍然开展活动的教会，也经常受到日军干涉。如 1938 年 3 月 7 日《申报》报道了美国监理会受损情况称：由于数月来华中之战事，已使该会在江浙两省的工作，几乎全部停顿。[56]1938 年 11 月 3 日的《申报》则报道了日军对武汉的美国教会的骚扰，称："据美国圣公会之某教士称，日军已在该会堆积军火及给养品……又武昌基督教宣教联合会之财产，亦曾为日军搜劫，所有皮箱抽屉，莫不被搜。"[57]有时日军还以搜捕中国军人为由，直接进教会抓人，如 1939 年 5 月 29 日，日军曾包围美国教会在徐州的基督教堂，捕去教士教友三百余人。[58]1939 年 10 月 22 日的《申报》还报道称：9 月 29 日，"河南开封附近陈留之美教会，曾遭日方唆使之暴徒所攻击，教会中之华籍职员，皆受其威吓。美大使馆曾请日方彻查，迄无答复。又河北平汉路兴山站美教会之房屋，日方曾逼其贬价出售，美方不允，该教会之围墙竟为日方拆毁。"[59]日军的一系列破坏活动，实际严重干扰了教会的正常传教。

日军还经常在占领区肆无忌惮干涉破坏教会学校办学，迫使很多学校迁移或停办。如 1938 年 3 月 7 日《申报》还称美国监理会在华学校被毁坏或遭占据，原有大中小学 40 多所，现下尚存在者仅有在上海公共租界中之两所学校，而且苏州东吴大学被毁，损失达十万元美金。[60]同年 11 月 4 日的该报还报道了华东地区上海、江苏浙江等地的基督教中学被日军破坏的消息，其中多数为英美教会开办，"八一三后，华东区适处政治要枢，各校校舍或已变为瓦砾，或已被日军占用，或已改设收容所及难民医院，校具之被移被劫、被捣毁

54 《南方长老教会损失浩大，房产被烧或被占据，工作人员续返活动》，《申报》1938 年 12 月 12 日，第 9 版。

55 《日军闯入龙州美教会》，《申报》1940 年 1 月 11 日，第 3 版。

56 《暴敌蹂躏下，外人财产荡然》，《申报》汉口版，1938 年 3 月 7 日，第 2 版。

57 《英美领事向日抗议》，《申报》1938 年 11 月 3 日，第 3 版。

58 《徐州教士教友被捕三百》，《申报》1939 年 6 月 5 日，第 4 版。

59 《华北反美运动又见高涨》，《申报》1939 年 10 月 22 日，第 3 版。

60 《暴敌蹂躏下，外人财产荡然》，《申报》汉口版，1938 年 3 月 7 日，第 2 版。

者所在皆有，损害之大，可谓空前。"[61]还有教会学校遭到日军侵占，1939 年7 月 1 日的《申报》还报道称：定海之该美国教会初级小学校现被日军侵占，并在校舍顶上之美国旗旁悬日旗。[62]当时还有多所英美教会学校受日军破坏影响而被迫关闭。如 1940 年 2 月 25 日的《申报》报道了日军于 1939 年 12 月 30-31 日在美国美以美会开办的泰安萃英中学以学生私通八路军并在该校发现有八路军相关文件为由，先后捕去学生百余人，施以酷刑[63]，萃英中学也因此被迫停办。在 1939 年的反英运动中，很多英国教会学校被迫停办退出，1940 年 3 月 22 日的《申报》曾对反英运动对英国教会学校造成的影响称：学校之停办者计有 17 所，放弃之财产计达 12.57 万元。[64]当时除部分英美教会学校继续在日军占领的沦陷区办学外，一部分则受战事影响停办或迁到大后方办学。如 1939 年 9 月 26 日的《申报》曾报道称，在华北、华南及东南沦陷区，1938-1939 年度有 36 所教会中学因战事停办，多数为英美教会中学。[65]

英美的在华教会医院因有先进的医疗设施，或救助中国伤兵，也在日军侵华过程中被骚扰、强占或被迫关闭，损失严重。[66]因当时许多教会医院曾收留中国伤兵救治，也遭到日军的无端闯入。如 1938 年，杭州的英国广济医院在日军准许下，曾收治中国伤兵多人，但日军却突然于当年 7 月 30 日，在广济医院四周架置机关枪，强入该医院中，将留居于内之中国伤兵 103 人，迫令移出，转到监狱关押。[67]在 1939 年的反英运动中，当时山西、河南、河北、山东所在的华北沦陷区内多数教会医院都受到攻击，甚至停办，《申报》多有报道。如 10 月 8 日的《申报》报道称日军强行接收了河北河间与山西大同的两所教会医院，许多教会医院因反英运动危及职员与病人生命，均已撤退，山西、河北及河南的部分教会医院已被迫停闭，仍在工作中者甚少。[68]而且日军有时

61　《华东区基督教学校战时损失惨重，惨遭摧毁》，《申报》1938 年 11 月 14 日，第12 版。

62　《定海美校，日军占据》，《申报》1939 年 7 月 1 日，第 10 版。

63　《泰安萃英中学学生被捕》，《申报》1940 年 2 月 25 日，第 7 版。

64　《华北四省教士，被迫出镜》，《申报》1940 年 3 月 22 日，第 6 版。

65　《全国基督教中学，停办者计 36 所》，《申报》1939 年 9 月 26 日，第 7 版。

66　关于全面抗战初期教会医院遭受日军破坏情况，可参见李传斌的《战争、医院与外交：全面抗战之初的教会医院，1937-1938》，《抗日战争研究》2016 年第 1 期。

67　《日由杭医院内架走伤兵》，《申报》香港版，1938 年 8 月 5 日，第 2 版。

68　《华北日军反英运动另一步骤，教会与医院均遭摧残》，《申报》1939 年 10 月 8日，第 7 版。

并不直接出面，而是鼓动中国暴徒参与反英，张贴反英口号，对教会医院进行纵火破坏等。如同年 10 月 31 日的《申报》还对英国教会医院在反英运动中的损失进行报道称："华北被侵占区内之英教会医院廿三所，因反英鼓噪之结果，已有十五所完全停闭，无英籍职员而今仍工作者五所，其他三所，则未接音讯者，已有若干时日，由此可察知局面之严重；完全停闭之医院中，有河南彰德之通用医院，大门被焚，且被掷手溜弹；开封之通用医院，被反英运动者封闭；河北河间之圣安特留医院被封闭前，暴众曾杀害医院职员四人，并扣留两英人，山东泰安之通用医院等，英籍工作人员已被逐出。"[69] 在山东的英国教会医院，也遭到日军破坏。1940 年 1 月 7 日的《申报》曾报道称：山东省武定府的英国监理会所设立之医院，已于 1939 年 12 月 25 日被日军指其收容游击队，加以焚毁。[70] 在日军反英运动进行时，美国教会医院也未能幸免，只是未发生集中的反美运动。如 1939 年 4 月 28 日的《申报》还报道了日军特务部军官封闭美国长老教会经营之江阴医院，其理由为该院美籍医师拒不向伪维新政府卫生部登记。[71] 对于当时外国在华教会医院的整体损失，《申报》也有总结报道。如 1939 年 3 月 26 日的《申报》曾报道：在中日战事中毁坏之教会医院已达十四所，还有十二所受损坏，被日军占据者七所，更有四所被迫停办。"被盘踞之医院，虽大多数已交还合法原主，但发现损坏殊巨，其中设备，非毁坏即被窃。"[72] 而这些医院，大部分为英美教会主办。

第四节　日军破坏产生的外交交涉

日军对英美在华基督教进行破坏，严重损害了英美在华利益，但当时英美等大国在全面抗战初期因对日军侵华整体采取绥靖政策，避免卷入中日战事，故对日军的此种行径多是收到教会的报告后，采取抗议，索取赔偿等办法和平解决，没有付诸实际的制裁行动。日军基于此因，对英美抗议多采取应付态度，继续肆无忌惮的破坏教会，英美在华绥靖政策可谓自食恶果，这也展现了战时在华各国关系的复杂面相。

69　《华北被侵占区内，英教会医院厄运》，《申报》1939 年 10 月 31 日，第 9 版。

70　《鲁英教会医院，被日焚毁》，《申报》1940 年 1 月 7 日，第 8 版。

71　《日军在江阴封闭美国教会医院》，《申报》1939 年 4 月 28 日，第 10 版。

72　《教会医院财产损失百五十万，均被日军轰炸摧毁》，《申报》1939 年 3 月 26 日，第 10 版。

　　虽然英美等国的教会不是本国政府派遣来华传教，但是英美政府有责任保护本国在华人员和财产安全。日军对英美教会产业进行破坏后，传教士多将情况汇报给当地英美领事，然后由领事向本国驻华大使汇报，后由驻华大使通过英美政府向日本进行抗议并要求赔偿。英美等国对教会产业遭受破坏，不断对日抗议交涉，如 1937 年 9 月 12 日，日军对美国教会开办的广东惠安医院进行了轰炸。随后，美国对日进行交涉。9 月 14 日的《申报》报道称：驻广州美国总领事对惠安医院被炸事，极为重视，9 月 13 日向美国驻华大使詹森报告，请其向日大使交涉。[73]9 月 15 日该报继续关注此事称：美国驻华大使詹森已电国务卿请向日交涉该院被炸事，并称这是中日开战以来，美国第四次就日本轰炸其在华教会产业进行交涉。[74]1937 年 9 月 28 日的《申报》还曾报道称：各国在华教会医院遭炸毁者，先后有南通、广州、南昌及河北省献县等处，上海的英美法各国教会总机关，已将被炸惨状，向各本国教会当局详细报告，并请求联合向日本政府严重交涉，以制止惨无人道之暴行。[75]而在 1939 年日军对美国教会产业的轰炸高峰期，美国政府向日本抗议达数十次之多，如 1939 年 8 月 15 日《申报》曾称美国从 1939 年 4 月开始已经就日军轰炸美国在华教产，向日方进行了 36 次抗议。[76]但这种和平且无威胁的抗议，并未遏制日军的暴行。当时英国也对日军的不断轰炸同样进行了抗议。如 1939 年 3 月 23 日《申报》曾报道称：3 月 15 日平江英国监理会曾受日飞机之轰炸，英政府已命驻东京的英国大使克莱琪向日政府提出关于此事之抗议，并指明该会 1938 年即遭日飞机攻击，曾在当年 10 月由英国当局向上海日大使馆诘问日飞机轰炸该会事。[77]

　　当时日本看透了英美等国对日绥靖的本质，对其给英美在华教会造成的侵害，往往给予否认或狡辩。如对于前述的沧州英国教士受辱，英国当局向日方交涉，日本外交人员向英方答称，"日军司令部从未下令，谓英侨或他国侨民，须向日兵脱帽鞠躬，兹已电令沧州日军，如有此种行动，应即停止云。"[78]1939 年 3 月 29 日的《申报》还曾报道称日军发言人在上海的新闻采访会上，

73　《日机轰炸惠州美医院，美总领请向日交涉》，《申报》1937 年 9 月 14 日，第 7 版。

74　《惠安医院被炸，美使提请交涉》，《申报》1937 年 9 月 15 日，第 2 版。

75　《各国教会将联合对日严重交涉》，《申报》1937 年 9 月 28 日，第 5 版。

76　《日军轰炸漳州时，美教育会房被毁》，《申报》1939 年 8 月 15 日，第 4 版。

77　《日机炸平江教会，英提抗议》，《申报》1939 年 3 月 23 日，第 4 版。

78　《敌迫令英侨脱帽鞠躬，英方提出交涉，敌又诿词卸职》，《申报》香港版，1938 年 3 月 22 日，第 2 版。

对美籍记者称日军飞机有意迭次轰炸各地教会产业,迫使外人离华的质问,则回答称:"此种推测,实无根据之可言,而纯为一种破坏日军与外侨感情之作用。该发言人又称,日军驱逐外人势力离华一节,事实上多由于误会。"[79]有时日军还将破坏教会的罪行归咎于中国军队,如日军 1940 年 12 月在广西龙州劫掠美国教会,当美国进行抗议时,日军则辩称:"该美教会乃因华方纵火、或因华方在其附近屋宇纵火后波及,致告焚毁。"[80]

　　日军出于暂时与英美维系良好关系的考虑,当英美领事抗议日军破坏教会时,多以道歉了事或者拖延搪塞,少数则适当给予赔偿或退还教产。如 1938 年 4 月 23 日《申报》报道称:日机前于 1937 年 9 月轰炸惠州时,波及该处休息会教堂,现悉日驻华大使馆业已给付该会港银 2360 元,作为赔偿。同时提到外人教会受日机轰炸,由日方给予赔偿金,此为第一次。[81]因当时日军占据了很多教会医院、学校等产业,在经美国交涉后,多是退出或归还。如 1938 年 6 月 4 日的《申报》称:美国所提关于归还美在华财产的要求,已被日方接受,日方并许美国人至原处传教。美政府的抗议书送达东京时,上海的日本当局即将闸北的美教会归返。日本拟派调查团至华中日占领区,调查并研究归还美侨财产之方法;至于沪江大学,仍在日军占领中。[82]1939 年后,日本在表面上仍然维系与美国关系,适度对美国的部分教会损失进行了赔偿。如 1939 年 11 月 13 日的《申报》曾报道:日本驻美大使馆发言人在 11 月 11 日宣称,已经现款赔偿因日本海军轰炸粤省中山县美国兄弟会礼堂所受之损失。日本大使馆还宣布被日军损坏之其他各处美国教会农产,将尽速调查解决,日本并将现款赔偿美国教士身体伤害。[83]11 月 14 日该报还继续报道了美日解决的教会纠纷,称:山东省即墨美教会曾于日军轰炸华军时炸毁,已经赔偿解决;浙江省临平美教会日军实行撤兵。[84]但日军对于英国教会的损失赔偿,未从《申报》中看到相关报道,也与英国自身势力没有美国强大有关。而且日本很多赔偿承

---

79 《日军轰炸教会财产,饰词狡辩》,《申报》1939 年 3 月 29 日,第 10 版。

80 《龙州美教会被焚毁,日军力图卸责》,《申报》1940 年 1 月 30 日,第 10 版。

81 《惠州教堂被炸,敌赔偿损失计港银二千余元》,《申报》汉口版,1938 年 4 月 23 日,第 2 版。

82 《美侨财产敌方已允归还,英美教士亦可返京》,《申报》汉口版,1938 年 6 月 4 日,第 2 版。

83 《日本对美献媚,在华美侨所蒙损害,一部允予现金赔偿》,《申报》1939 年 11 月 13 日,第 4 版。

84 《美日间悬案六起已告解决》,《申报》1939 年 11 月 14 日,第 4 版。

诺并没有兑现，并且因英美等国纵容妥协，更加助长其嚣张气焰，之后各地仍然频繁发生日军轰炸、破坏教会产业的事件。

基于日军一再肆意破坏在华教会，当时英美教会还呼吁国联及英美政府加强对日本的制裁。如 1939 年 1 月 15 日，日机轰炸重庆，造成平民重大伤亡，为此在重庆的美以美会、内地会、圣经会、安息日会等教会还联合致电国联抗议，要求国联唤起世界舆论，一致谴责日军暴行。[85]1939 年 2 月 22 日《申报》曾报道了广东教会的抗议称：日本空军滥炸教堂、医院、学校，甚至强占美浸礼会在华所办之慈善教育机关。岭东的美国北浸礼会曾将各实况函美国总会报告，并请其向美政府呼吁禁止军火商人售卖军火、汽油给侵略者[86]，但此提议直到 1941 年底太平洋战争爆发后，才被美国彻底执行。此外，有些传教士除了通过英美政府向日本抗议交涉外，还将日军暴行在国外公布。如 1940 年 8 月 24 日，桂林美国浸信会医院遭到日机轰炸，该院美籍院长即将医院院舍被炸毁坏情形拍印照片，寄美公布。[87]这种抗议途径直接加强了控诉日军暴行的国际宣传。

1937 年 7 月，抗战全面爆发后，日军不断扩大侵华区域，势必也波及英美基督教在华产业。即使教会产业为宗教慈善及文化机关，日军在 1941 年 12 月前也并未与英美开战，但其对英美传教士的侵害、对教会产业的轰炸及损害，在各地经常发生。日军此举一方面可以削弱英美在华势力，另一方面也可打击国民政府试图依赖英美抗战的信心。当时《申报》虽然因战事不断迁移发行地点，最终身陷沦陷区，但仍通过自己的记者或外国通讯社、报纸的消息，对此进行了客观的报道，并无为日军的破坏行为进行掩饰与美化之词，保持了新闻的基本真实性，特别是揭露了日军的战争暴行，增强了国内外人士对英美基督教遭受日军破坏的了解。从《申报》报道可以看出日军对英美基督教造成的严重影响，很多教会学校、医院被迫停办或迁移，外国教会遭受了重大的财产、人员伤亡，许多教会的传教活动无法开展。《申报》对英美基督教遭受破坏的一系列的报道，也引起英美人士对日军暴行的谴责，进而影响英美等国政府对日军侵华的认识，从而在舆论上支持中国抗战。值得注意的是，当时日军对法国、意大利、德国、加拿大等国在华天主教与基督教的教会产业也同样进

85　《各教会为人道呼签电国联抗议》，《申报》1939 年 1 月 29 日，第 3 版。

86　《岭东教会向美呼吁，禁运军火汽油与日》，《申报》1939 年 2 月 22 日，第 8 版。

87　《日机袭桂，美教会被炸毁》，《申报》1940 年 8 月 26 日，第 4 版。

行了破坏，只不过因英美基督教在华势力最为庞大，故《申报》对两国基督教受损情况报道最多。1941 年 12 月，太平洋战争爆发后，英美与日本开战，英美在华的传教士则被日军关押，教会产业则是被日军直接强占，教会事业遭受毁灭性打击。

第十章　从《申报》看基督教在中国抗战中的救亡活动（1937-1941）

　　1937 年 7 月，日本发动全面侵华战争，给中国带来了无尽的灾难。来华基督新教传教士与中国基督徒不顾个人安危，本着人道主义与基督博爱精神，通过各种方式支援前线抗战，积极参与难民与伤员救济，成为抗战救亡运动中的重要力量，其做出的贡献不可忽视。本章特选取 1937 年 7 月全面抗战爆发后到 1941 年 12 月太平洋战争爆发前的《申报》[1]中，有关基督教参与抗战救亡的报道进行论述，以求对基督教在抗战中的特殊作用有所认识。

第一节　捐款捐物与慰问祈祷

　　全面抗战开始后，在华基督教会发动教徒捐款捐物，支援前方作战及难民救济，《申报》对此给予密切关注。如 1937 年 7 月卢沟桥事变爆发后，上海、北平、云南等地女青年会曾为前线将士捐助衣物及生活用品。上海基督教联合会还于 8 月 1 日特捐助千元，请上海慈善团体联合救灾会，汇至北平难民中施放。[2]淞沪会战开始后，上海女青年会鼓励妇女捐助钱物，并将所制丝棉马甲、绒绳背心及御寒旧衣服，转赠前方兵士使用[3]，另上海基督教联合会则发动女信徒举行为前线将士捐助万件背心运动。当时国民政府为进行抗战还发行救

1　本章所涉及的《申报》，除特别标明出版地外，其余均为在上海出版。另文中基督教，特指基督新教。
2　《基督教会汇款救济》，《申报》1937 年 8 月 2 日，第 14 版。
3　《各慈善团体征求难民寒衣》，《申报》1937 年 9 月 18 日，第 8 版。

国公债，上海各教会发动广大基督徒积极认购。如上海青年会组织多个征募队，不到二周即募得 10 万元；上海基督教联合会则要求全市各教堂分头成立劝募队，仅慕尔堂到 10 月底止，认购者已有 4270 余元，其他各堂成绩，均颇可观。[4]中华全国基督教协进会救济委员会在 1937 年秋发起了全国基督徒分文救济运动，以救济受战火波及的难民。该运动号召全国基督徒，无论男女老幼，均应参加本运动，"凡在基督教机关服务之非基督徒亦欢迎其参加；每人决定日捐一分钱，作为救济之用；凡愿多捐者，尤所欢迎，捐款人可自认每日捐输之额，按日交付。"[5]全国各地教会对此纷纷响应，教外人士也认捐支持。汉口青年会则于 1938 年 4 月为慰劳杀敌将士及救济后方避乱同胞，组织募捐队 7 队，预定在一个月内达到捐款目标 5 万元。[6]香港的惠阳青年会 1938 年 8 月还实行为前线将士扩大献金运动，并分五区设献金台及流动献金箱，还由各区派出流动献金队，沿户号召献金。[7]1939 年，粤港两青年会则发起征集战士慰劳袋运动，募集慰劳信及前方战士需用之物品等，用于该团转赠前方将士，予以物质精神之慰助，并激发壮士斗志。[8]港粤基督教团体 1939 年 1 月还组建港粤基督教一元还债运动会，向各教友宣传一元还债运动意义，规定 1 月 15 日起至 2 月底止为收款时间，呼吁信徒募集帮助国民政府偿还购买的国债。[9]因基督教徒有定期捐献的传统，在全国各地教会内都有类似捐款抗日的活动。

因中国教会经济实力有限，中华全国基督教协进会等团体还特别注重呼吁国外的英美教会捐款支持其开展救济工作，也得到其积极响应。如淞沪会战开始后，中华全国基督教协进会则通电英美各国教会为难民呼吁救济。后英国教会当局回电称对于中国之横遭暴虐，表示无限同情，并将随后汇款来华；至于美国教会方面，救济捐款到 9 月下旬已汇到国币万元，由协进会转交上海的教会救济机关，妥为分配。[10]1938 年 2 月 3 日的《申报》还报道了美国基督教会募集救济金 9 万余元，已汇交上海的中华全国基督教协进会。[11]在美国的基

4　《热心购募公债者，总会准备请奖》，《申报》1937 年 11 月 1 日，第 5 版。
5　《全国基督教分文救济运动》，《申报》1937 年 11 月 9 日，第 5 版。
6　《汉青年会募捐，慰劳将士救济难胞》，《申报》汉口版，1938 年 4 月 9 日，第 2 版。
7　《献金汇志》，《申报》香港版，1938 年 8 月 8 日，第 4 版。
8　《港粤青年会募集慰劳袋，转赠前方将士》，《申报》香港版，1938 年 9 月 26 日，第 4 版。
9　《基督教团体组还债会》，《申报》香港版，1939 年 1 月 12 日，第 5 版。
10　《基督教协进会救济工作》，《申报》1937 年 9 月 25 日，第 8 版。
11　《各国基督教徒同情我国抗战》，《申报》汉口版，1938 年 2 月 3 日，第 2 版。

督教会与天主教会还在 1939 年夏联合成立教会救济中国委员会，美国总统罗斯福给予大力支持，主要为难民募款并不断汇到中国。到 1940 年初，美国各教会援助中国难民的捐款已超过 500 万元。[12]之后美国教会仍然继续募款在中国进行救济。当时中华全国基督教协进会专门成立了战灾赈济委员会，在美国顾问委员会及英国对华救济基金会的资金支持下从事赈灾工作。如该委员会报告称 1940 年度中国战灾救济工作共需美金 120 万元，其中 36 万美金专供华北救济之用，华西方面的救济款为美金 41.6 万元，其余之美金 42.4 万元则将应付中国其他各地之需要，包括沦陷区域在内。[13]

　　抗战期间，在华基督教会还提倡联合祈祷、以求和平，以其特有的形式为国家举行祈祷，希望中国取得抗战胜利。如据《申报》报道，1937 年 9 月 18 日与 10 月 31 日，上海基督教联合会曾组织上海的基督徒在各教堂或家中开展了为国禁食祈祷。同年 10 月 10 日为中华民国的国庆节也是基督教礼拜日，全国各教堂在礼拜时还为中国抗战举行公祷。1938 年 2 月 6 日上午，武汉三镇基督教各会堂一致举行为国祈祷礼拜，后于是日下午 3 时在鄱阳街圣保罗教堂举行为国难祈祷典礼，邀请各国驻华使领暨各界领袖参加，追悼抗战阵亡将士及死难民众，祈祷中国为正义人道之奋斗，取得光荣之胜利。[14]在武汉教会的呼吁下，全国各地基督教会在 2 月 6 日同时举行为国祈祷，并在当天呼吁信徒为抗战募捐，所募之现金则由各会存储作为慰劳伤兵及救济难民之用。[15]1940 年 11 月，国际联合祈祷会等团体还通告各地教会在 11 月 11 日举行全国祈祷会，特为时局公祷。上海各教会团体为此于该日上午为时局祈祷，下午举行联合祈祷大会，各教徒参加者颇为踊跃。[16]

　　为团结全国基督徒救国抗战，中华基督徒全国联合会 1938 年 3 月 6 日在汉口成立，冯玉祥为主席，从事精神动员、经济合作、训练青年参加战时服务、救济难民、服务伤兵及国际宣传等工作。[17]该联会为唤起基督徒参与抗战，还请全国各地基督教会堂于 1938 年 4 月 15 日举行基督受难与国难礼拜，4 月 17

12　《美总统发起救济中国运动》，《申报》1939 年 7 月 15 日，第 4 版；《美教会对华捐款，已逾五百万圆》，《申报》1940 年 1 月 10 日，第 9 版。

13　《基督教协会赈灾工作》，《申报》1940 年 4 月 19 日，第 3 版。

14　《武汉基督徒为国祈祷》，《申报》汉口版，1938 年 2 月 3 日，第 2 版。

15　《全国基督教徒定本月六日为国难举行祈祷》，《申报》汉口版，1938 年 2 月 1 日，第 2 版。

16　《基督教团体为时局祈祷》，《申报》1940 年 11 月 12 日，第 7 版。

17　《基督教全国联合会明日成立》，《申报》汉口版，1938 年 3 月 5 日，第 2 版。

日又举行基督复活与中华民族复兴礼拜，以求共为国家民族之独立自由及世界之正义和平而努力。[18]同年 7 月 7 日，该会在七七事变一周年之际，为悼念死亡将士与同胞，特发起全国基督徒举行为国难祈祷大会，于是日实行基督徒节食献金运动，以作救护负伤将士之用，并分函请全国各省市县基督徒同时举行。[19]各地基督徒还陆续成立了该会的分会，开展救亡活动。如 1938 年 11 月 12 日，该会云南分会成立，当天特电蒋介石致敬，并慰劳全体抗战将士，还分电全国信徒及其世界同情中国之基督徒，节省圣诞节礼金，捐济伤兵难民。云南分会后还发动 1938 年圣诞节基督徒献金救国活动，共募集 2014.33 元，用以救济受难的同胞。[20]

基督教团体还重视抗日宣传，唤醒普通民众支持国家抗战。如上海女青年会在七七事变爆发后，多次为家庭妇女组织国事宣传演讲会，并请求全沪妇女节衣缩食，援助抗敌，而共肩国难。[21]广州基督教青年会战地服务团在 1938 年 10 月下旬广州沦陷后，到广东北江各地及广西，参与服务工作。"本团队在农村区域之工作，包括战事演讲、报告战事消息、解释抗战之伟大意义，并唤起民众勿作汉奸。本团队同时建议乡村团体，组织红十字队、宣讲现代卫生常识、教导民众歌唱救亡歌曲，并公演救亡戏剧，以唤起民众爱国情绪，鼓励其切实与军队合作。"[22]此外，一些在华活动的外国传教士还在国外报刊发表文章控诉日本的侵华暴行，介绍中国抗战情况，是抗战国际宣传中的重要力量。

日本发动全面侵华后，中外基督教团体还纷纷发表宣言对日本暴行进行谴责，呼吁对其进行国际制裁，支持中国抗战。如卢沟桥事变后，中华全国基督教协进会曾分别致电日本基督教协进会与世界基督教协进会，请其注意公理，明辨是非，使国外基督徒了解日本侵略华北真相并给予中国支持。[23]随着日本扩大侵华，中华全国基督教协进会总干事陈文渊、青年会全国协会总干事梁小初、女青年会全国协会总干事蔡葵等还于 1937 年 9 月 17 日联名致电日内瓦的国际联盟，请其履行盟约义务，采取有效措施制止日本侵华行为，以伸

---

18 《明日复活节，举行复兴礼拜》，《申报》汉口版，1938 年 4 月 16 日，第 2 版。

19 《基督徒为国祈祷并实行节食献金》，《申报》汉口版，1938 年 6 月 26 日，第 2 版。

20 《昆明基督徒电蒋慰劳》，《申报》1938 年 11 月 14 日，第 4 版。

21 《女青年会分任征募宣传事宜》，《申报》1937 年 8 月 5 日，第 10 版。

22 《外人韩斯莱谈基督教团体战地工作》，《申报》1938 年 12 月 27 日，第 3 版。

23 《本市各界一致积极准备》，《申报》1937 年 7 月 25 日，第 14 版。

张国际正义。[24]实际上日本早在 1933 年就退出了国联，国联已很难约束日本行动。当时日军对在华教会设施也进行了无差别轰炸，造成严重损失，在中国活动的外国传教士及其国外总会除对中国表示同情外，也呼吁各国制止日军暴行。如 1938 年 3 月，英国长老会的伦敦总会致电闽南的英国长老会，对中国民众遭受的日军轰炸表示同情，呼吁各国对日军暴行进行有效制止。[25]该函还同时转送了日本驻英大使、英国外交部及该公会的各国外理事。再如 1938 年 12 月，世界基督教布道大会在印度举行时，出席会议的七十余国代表，对中国发动全面抗战及平民之惨遭戮杀，均表深切之同情，当场捐得救济中国难民款数千元，并讯即汇交中国政府，并拟派代表向英美等国呼吁其出面寻求和平。[26]1940 年间，日军对国民政府陪都重庆进行了持续的轰炸，造成了平民惨重伤亡。故在 1940 年 5 月，在重庆的美国传教士梅福林、傅维德、费吴生等特电美国总统罗斯福等，以正义及人道之名义，吁请立即对日禁运煤油及废铁等物品。[27]但直到 1941 年底太平洋战争爆发，美国才彻底终止了对日的各种军事物资的交易。

第二节　战时伤兵服务

中日战事爆发后，前线出现大量中国伤兵，急需救助，但伤兵医院及救护力量严重不足。在华基督教为此或建立伤兵医院提供医疗救护，或组织人员到政府开办的伤兵医院中服务，或在沿途招待伤兵，而且还为受伤将士提供救护物品及慰问，其中全国基督教青年会军人服务部、基督教负伤将士服务协会贡献颇大，对此《申报》也进行了大量报道。

当时《申报》对各地教会进行伤兵服务与救护的活动报道较多。如七七事变爆发后，北平、上海、福建等地女青年会开办救护班，培训妇女各种救护常识以备战时需要。淞沪会战开始后，上海女青年会除对救护队进行培训外，还

24　《宣布日本对华暴行，基督教团体领袖电国联履行盟约》，《申报》1937 年 9 月 18 日，第 6 版；《基督教团电国联制裁日本》，《申报》1937 年 9 月 19 日，第 2 版。

25　《英教会同情闽南被轰炸伦敦长老会，致函吊慰》，《申报》香港版，1938 年 3 月 20 日，第 3 版。

26　《世界基督教布道会讨论道德感动世界，七十余国同情中国抗战》，《申报》1939 年 1 月 21 日，第 10 版。

27　《日机滥炸平民区，激动美教士义愤联电罗斯福总统》，《申报》1940 年 5 月 31 日，第 6 版。

曾成立服务队到收治伤兵的医院进行慰劳。上海青年会也派员至各伤兵医院工作，计分总务、宣传、人事、慰劳、服务、教育、娱乐等组，共服务医院八处，有服务员70余人，给予伤兵精神慰藉，还曾向社会各界征募慰劳伤兵物品。[28]上海基督教联合会则办理多所伤兵医院，对医院中的伤兵给予饮食、医药上的精心护理。1938年，郑州当地基督教会团体鉴于伤兵未能获得迅速之救护，于是组织"伤兵输送会"，为火车上伤兵进行护理及裹扎之更换等服务。[29]此外，粤港青年会组织了粤港青年随军服务团，于1939年9月下旬抵达南昌前线进行战地服务，并请求后方赶速筹集羊毛内衣，毛袜等以供前方将士御严寒。[30]

抗战全面爆发后，基督教青年会全国协会专门成立了全国基督教青年会军人服务部开展活动，在当时影响颇大。青年会全国协会1937年7月底在保定首先成立了一处军人服务部。同年8月，以华北各地青年会干事为主体的全国基督教青年会军人服务部在济南正式成立。之后军人服务部不断设立支部，最初在保定设总部及第一支部，二支部设石家庄，三支部设正定，各支部派出护士及服务员若干，专任服务伤兵工作。[31]军人服务部在华北前线各支部还设立伤兵俱乐部，军官俱乐部及军人俱乐部以适合当地军队之需要。该部还为在途伤兵提供多处伤兵招待处，供给茶水及简单救护。当时该部在京沪线之服务工作颇受受伤将士、作战军官之欢迎，到1937年9月底，所办俱乐部已由四处增至十余处。[32]青年会全国协会还在上海征得大批内衣、被褥、留声机、唱片、棋子、小说、抗战书刊及画报等，以便军人服务部提供给前线的各俱乐部之用。随着战事的扩展，军人服务部1938年3月还在山东的东明、荷泽等地筹办伤兵招待所五处，联合村民，组织担架队两队，救护伤兵。[33]1938年10月，香港青年会筹划委托全国基督教青年会军人服务部在长沙组织前方救护队八队，遣送至前方服务，每队十人，赴长沙服务，由军人服务部指挥，其经

28 《上海青年会于非常时期之工作》，《申报》1939年4月10日，第15版。

29 《澳籍医生特里美云，详谈前线服务经过》，《申报》香港版，1938年9月19日，第4版。

30 《港粤青年会募集慰劳袋，转赠前方将士》，《申报》香港版，1938年9月26日，第4版。

31 《军人服务部在保设总部》，《申报》1937年8月10日，第4版。

32 《青年会扩展伤兵服务，续向各界征求物品》，《申报》1937年9月30日，第8版。

33 《青年会服务部在东明等处救护伤兵》，《申报》汉口版，1938年3月21日，第2版。

费与药品则由香港青年会提供。[34]随着中日战事的不断扩大，军人服务部在各地战区设立的支部也越来越多，且赢得了各界肯定。

基督教负伤将士服务协会1938年初在汉口成立，后在许昌、信阳、孝感等地设立办事处、分会等，组织教会团体与人士进行前线伤兵服务，为其提供身体上及精神上之安慰。如1938年5月在湖北孝感成立第八办事处以服务平汉南段的负伤将士。该办事处每逢有伤兵过境，必有服务员数十人到站供给稀饭茶水，并为伤兵换药。[35]而且该会在1938年还曾资助湖南省政府经办伤兵医院多处。该会陆续设立的分会也各自开展伤兵服务活动。如基督教负伤将士服务协会成都分会成立以来，征集教会中人士组成四川战地服务队，于1938年9月25日出发赴战地服务。[36]再如1940年12月的圣诞节，基督教负伤将士服务协会河南分会为集款慰劳负伤将士，特在洛阳举办义卖大会，陈列之各种物品千余种，大部为各方所捐募者，义卖半日，即得现余约1千元。[37]该会作为专门服务伤兵的基督教团体，以其专业性与高效性赢得伤兵欢迎。

在华服务的外国传教士也投入到伤兵服务中。如在河北保定的美籍教士及教员等五人，1937年8月25日联袂赴保定的伤兵医院慰劳，并携乐器演奏乐曲，调剂伤兵精神，同时并告中国抗敌受伤健儿，称"中美两国为东西两和平国家，望努力抗战，实现世界和平，实行中美两大民族之携手"，受伤官兵异常感动。[38]1937年的9月12的《申报》还报道称：江苏徐海的美籍传教士彭水恩等多表示不愿返国，正办理战地救护事宜。另据《申报》的报道，在杭州的广济医院、郑州的美国浸信会医院的医学传教士也在战事发生时，曾救治中国的伤兵，但医院却遭到日军的报复或轰炸。鉴于教会医院在战时救济的重要性，1938年6月，全国基督教联合会为使中国各地教会医院，对于战时救济工作，获得最大限度效果起见，还设法计划向美国、加拿大、英国等地，招聘12位医师来华，加入教会医院的救济工作。[39]美国传教士福斯特1938年10

34　《本港青年会组救护队赴前线服务》，《申报》香港版，1938年10月15日，第4版。

35　《基督教服务会在平汉南段服务》，《申报》汉口版，1938年7月22日，第2版。

36　《蓉基督教徒，组战地服务团》，《申报》香港版，1938年9月25日，第2版。

37　《豫耶教将士服务会，义卖劳军》，《申报》1940年12月27日，第3版。

38　《美籍教士慰劳伤兵》，《申报》1937年8月28日，第7版。

39　《基督教联合会聘请外籍医师，来华加入教会医院，从事战时救护工作》，《申报》香港版，1938年6月16日，第2版。

月曾运送医药品提供给山西太原附近的八路军使用,后还持续与八路军合作。[40]但纵观《申报》的战时报道,其对基督教与中共伤兵服务的合作报道较少。

第三节　难民救济

日本全面侵华开始后,导致各地出现了大量流离失所的难民,政府无力全部救济,在华基督教也配合政府投入到难民救济中。正如中华全国基督教协进会所称:"基督徒素以博爱为怀,扶助为志,值此危难时期,对于救济工作,更属义不容辞。"[41]《申报》对上海基督教男女青年会、上海基督教联合会、救世军等教会团体的救济给予了重点报道。

上海青年会与女青年会自淞沪会战爆发后,竭力从事社会服务,积极救济难民。如上海青年会与上海国际救济会等机构合作,先后开办难民收容所6处,难民人数最多时达 2.7 万余人。且该会特别注重难民生活的训练、人格教育的熏陶及生产事业的智识技能。[42]随着难民日渐增多,该会在对难民加强技能培训同时,积极安排遣送难民到内地从事生产谋生。此外,该会因贫民妇孺亟需御寒衣被,还在 1941 年冬发起捐款,目标 3 万元,以制备冬衣,分送上海市贫民进行救济。[43]上海女青年会也设立多处收容所,收容妇孺难民,同时注重对她们进行技能培训以帮助其在社会上寻找就业机会。该会还专门设有失业妇女训练所,对因战事失业的妇女除了进行登记救济外,还对她们授以各种技术、战事常识,然后介绍到工厂做工,或家庭佣工,或到伤兵医院、难民收容所服务。[44]上海女青年会还在 1937 年秋,鉴于家破人亡之难民面临严寒,故将所收棉夹衣服,分送各难民收容所,并向各界妇女,征集棉被、棉衣,以便源源转送,使难民不致为寒冷所困。[45]之后该会仍经常举行征集寒衣活动分赠难民。上海基督教联合会则在日军进攻上海后,组成非常时期服务委员会从事救济事业,成绩显著。当时难民遍地,联合会立即开始募捐筹建收容所,

---

40　《美国教士福斯特与八路军合作》,《申报》1939 年 2 月 3 日,第 3 版。

41　《全国基督教分文救济运动,每人定日捐一分,按日交付》,《申报》1937 年 11 月 9 日,第 5 版。

42　《上海青年会于非常时期之工作》,《申报》1939 年 4 月 10 日,第 15 版。

43　《上海青年会吁请冬衣捐款》,《申报》1941 年 11 月 19 日,第 7 版。

44　《女青年会决定登记失业妇女》,《申报》1937 年 10 月 26 日,第 5 版。

45　《各慈善团体征求难民寒衣,请速捐助以惠灾黎》,《申报》1937 年 9 月 18 日,第 8 版。

在 1937 年 9 月初已收容四千余难民，共计在上海的各教堂、教会中学内设立收容所 10 处。[46]之后该会又陆续成立收容所，先后成立 18 处，收容难民数目约 15 万人，办理难民之衣食住事宜，同时教授难民谋生的职业技能以帮助其寻找生计[47]，且借机向难民传播基督福音。上海难民众多，掌握技能且寻得工作的难民会离开收容所，这样可保证收容所最大化救济其他难民。后视难民收留情况，收容所陆续停办。

在上海活动多年的救世军在抗战难民救济中发挥重要作用，其在上海收容流浪难民与儿童，同时派出施饭车，携带馒头等食品赴各街头散发，施行临时救济，《申报》进行了多篇专门报道，将其称为"贫民的救星"。救世军得上海国际红十字会经济上之帮助及不断向社会各界募款，在战时先后设立多处难民收容所，为难民提供食宿与医疗救护。自从沪战发生到 1939 年 9 月为止，救世军办理的第一、第二、第四、第五共四个收容所，曾收容 65972个无家可归的难民。[48]救世军不只单纯提供难民温饱救济，也同样注重教授难民、孤儿各种手工技能，用以帮助其维持之后的生活。在日常的救济上，救世军还在上海办理流浪儿童训练所，成立人力车夫委员会，为流离失所之男子提供宿舍；该军的施饭车则每晚出现于重要市衢，饥民不费分文，即获一饱。[49]此外，救世军还办有专门的乞丐收容所，教授乞丐制作毛巾、皮鞋、织布、缝纫等技能。

《申报》还对战时新成立的专门教会救济组织给予了详细报道。如基督教普益社鉴于战后难民众多，于 1938 年 3 月成立普益工艺社。该社注重积极救济，培养难民的自助自给精神，为难民提供的服务有：难民工场，招难胞入内工作，给以膳食及工资；义务学校，解决难工子弟教育问题，并拯救街头流浪儿童，使有入学机会；难民商店，出售平价日用物品；难民农场，利用教会空田，种植蔬菜，供给难工食堂，并制造豆浆补充难民营养；免费诊所为难工及附近贫民免费给药治病，由西籍医士担任义务工作。[50]该社的难民工场主要进行废物

46　《基督教联合会非常服务设收容所十处，收难民四千人》，《申报》1937 年 9 月 5日，第 6 版。

47　邓淑嫒：《上海各教会于非常期间之工作》，《申报》，1939 年 4 月 10 日，第 15 版。

48　《救世军是贫民的救星》，《申报》1940 年 3 月 4 日，第 8 版。

49　《救世军讯》，《申报》1940 年 2 月 13 日，第 9 版。

50　《从事难民生产建设，普益工艺社呼吁各界捐输》，《申报》1941 年 10 月 12 日，第 10 版。

加工利用，废物则系向外界征募，无论破衣旧物，皆其需要。该社为此备有普益袋一种，希望市民以日常无用陈旧废弃衣物，放置袋中，由该社派员来取。上海国际红十字会等机构也收集旧衣破袜，送往该社进行加工并制成各种实用品出售。工艺社在 1939 年时每日工作者有 200 余人，求助之人则盈千累万。[51]此外，1940 年春，董绍儒联合基督徒及牧师十数位还发起成立了中华基督教慈善救济会。该会在上海南市租屋四间，以作无家可归之难胞宿舍，尽量收容老幼残废，供给膳宿，后还继续扩充收容房间。到 1941 年 10 月，该会在上海收容不事生产之老幼者约百余名，早出暮入者约 40 余名。[52]该会经费最初由董绍儒设法维持，后因救济开支过大，也被迫向外界募捐。

1938 年初，因日军扩大侵华战事，很多难民前往武汉避难，基督教也给予救济。如 1938 年 2 月，武汉基督教难民救济会收容难民 1 千 2 百余名，并备汽车运送百余名难民送往皂市收容。[53]因武汉难民增多，中华基督徒全国联合会在 1938 年 3 月还组织了武汉基督徒难民服务团，前往各难民收容所，就实际上需要，分别访问难民情况，考察难民生活，慰藉难民身心，实施救亡教育事项。[54]1938 年 10 月底，武汉沦陷后，仍然聚集了大量难民，教会仍进行了积极救助。如 1938 年 12 月，武昌教会内住有难民五千人，惟教会附近日军，竟不许难民出入，且拒绝允许外人由汉运输粮食至教会内。[55]再如中日广州战事导致难民四处流浪，广州各教会于 1938 年 10 月在征得军政当局同意后，划定区域发起设立难民安全区，收容妇孺。广州基督教联合会救护队还在同年 10 月下旬广州沦陷后，除救护被炸伤之民众，疗治患病难民外，同时为难民赠茶施粥。[56]

在战时青年与学生救济方面，《申报》对基督教男、女青年会开展的工作给予了报道。如上海青年会鉴于 1937 年沪战发生后，当地失业青年颇多，故为他们推出了生产教育计划，分教导、工艺、推销、职业介绍四组，帮助其就业。该会除了鼓励青年返乡生产外，还在 1938 年初发起成立生产教育贩卖团，

---

51 邓淑媛：《上海各教会于非常期间之工作》，《申报》1939 年 4 月 10 日，第 15 版。
52 《中华基督教慈善救济会更正声明》，《申报》1941 年 10 月 4 日，第 10 版。
53 《难民百余名送皂市垦殖》，《申报》汉口版，1938 年 2 月 17 日，第 2 版。
54 《基督徒联合会组难民服务团，武昌将办义户寄养》，《申报》汉口版，1938 年 3 月 27 日，第 2 版。
55 《武昌难民六千，已濒饥饿在线》，《申报》香港版，1938 年 12 月 12 日，第 8 版。
56 《外人韩斯莱谈基督教团体战地工作》，《申报》1938 年 12 月 27 日，第 3 版。

招收男女失业青年共 50 人，日常贩卖国货日用品以谋生计。[57]在对战时学生的救济上，中华基督教男女青年会全国协会在 1937 年秋联合组织了全国学生救济委员会，对失学以及流亡的困难学生开展各种救助，并在重庆、成都、贵阳、昆明、香港等地成立分会。《申报》尤其对上海的学生救济关注较多。如上海的男、女青年会在 1937 年秋合组上海学生救济委员会，设法筹款补助因受战事直接影响清寒无力上进之学生，其方法为：贷给学费作为前往内地求学的费用，并设立工读学生额、奖学金等，到 1939 年 4 月共计受惠学生六百数十人，付出救济银数为 1 万 7 千元；设立多处学生廉价宿舍，提供给学生居住[58]，另还对学生升学给予指导。

外国在华传教士及教会医院对战时的难民也给予了积极救助。如淞沪会战开始后，在上海的传教士利用其外国人的特殊身份，通过各种方式护送难民逃出战区，脱离险境。再如广东韶关 1938 年 5 月遭受日军轰炸，英国在韶关教会医院的医学传教士也极力援助难民，计受伤入该医院者，共有 80 人之众。其后被炸伤之人士，经常到该院求医。[59]1938 年时，华中地区的 37 所英国教会医院在半年之内募集 5.59 万元的款项与物品，大多用于救济中国难民。[60]1940 年 5 月，日军轰炸重庆，美国美以美教会医院之医生及其他助理员等，看护治疗受伤民众异常忙碌，重伤的中国民众均就近送入重庆市外美以美教会所主持之救护所，进行紧急治疗。[61]同年 9 月，英美德籍教士共 30 人携带大量医院设备及医药用品等物，得日当局之特许后，经由浙江温州进入内地进行医疗服务，为内地平民所急需。[62]在战时医疗资源极度紧张的情况下，外国教会医院与传教士的救护行动可谓雪中送炭。

抗战全面爆发后，在华基督教作为重要的民间救济力量，本着慈善和博爱的精神积极投入到抗日救亡运动中，为全民族抗战做出了应有的贡献。由于《申报》在上海、汉口及香港出版，故对这三地基督教的抗日救亡活动报道尤多，其他地方的活动则相对简略，体现出了较强的地域性。广大中国基督徒与

---

57 新梦：《生产教育贩卖团》，《申报》1939 年 2 月 27 日，第 15 版。
58 《上海青年会于非常时期之工作》，《申报》1939 年 4 月 10 日，第 15 版。
59 《韶关英医师来港谈，敌机炸韶之惨况》，《申报》香港版，1938 年 5 月 28 日，第 4 版。
60 《英国在华救济基金两年来工作报告（二）》，《申报》1939 年 10 月 19 日，第 9 版。
61 《日机一百六十余架，昨又轰炸渝市外围》，《申报》1940 年 5 月 28 日，第 3 版。
62 《外籍教士三十人，携医药赴内地》，《申报》1940 年 9 月 12 日，第 9 版。

外国传教士利用国内外教会的各种资源，为中国抗战捐款捐物，进行慰问祈祷，在国际上宣传谴责日本的侵略，展示了基督教在抗战中的独特作用。特别是基督教在抗战救济中表现突出，专门成立了多个教会救济团体，救助了大量的中国伤兵与难民，弥补了政府救济的不足，也赢得了社会各界的肯定，《申报》对此也给予了充分客观的报道与宣传。而且基督教在抗战救济中充分借鉴了现代西方社会救济模式，注重与政府机构、其他社会团体的合作及向国内外募捐经费，本着教养兼施的原则，对伤兵提供医疗救护与精神抚慰，对难民则提供食宿及教授谋生的技能，这就充分保证了救济的实际效果。当然基督教在伤兵、难民救济中也同时开展传教工作，这也是其宗教属性所决定，但《申报》对其宗教工作却报道较少。1941 年 12 月太平洋战争爆发后，日本对英美等国开战，基督教在华传教士被日军逮捕或驱离，教会的救济事业也大不如前。

下篇　基督教与近代中国社会

　　近代基督教来华传教初期，因民众对基督教的敌视及民族主义的影响，导致对基督教兴趣不大，效果不佳。之后基督教通过在华建立学校、医院、博物馆等机构，并参与到灾荒救济等慈善事业中，开展间接传教，逐渐打开了传教局面，民教关系有所改善。而且来华基督教还逐渐融入中国社会，倡导中国教会自治、自养及自传，意图实现基督教的本色化。本篇主要通过英国浸礼会、华北基督教、济南广智院等个案，来分析探讨基督教在近代中国的布道、教育、医疗、慈善等在华种种活动的得失及其对中国社会的影响。

第十一章 适应与转变：从英国浸礼会看近代来华基督教会的本色化历程

基督教自入中国传教后，作为西方宗教如何与中国社会及中国文化相融合，实现教会的本色化，是在传教士及中国基督徒一直追求的目标。关于教会本色化定义，学者历来众说纷纭，但大体包括基督教摆脱西方色彩，彻底与中国社会相融合，实现自治、自传、自养等目标，教会由中国教牧人员自治，经费由华人捐助，不再接受西差会接济，传教事业不依靠外国教士，重在发动本国信徒布道，独自开辟传教区域，不断调整传教策略，以适应中国社会与文化的客观现实等。英国浸礼会来华后，因经费、传教士数量有限，入华伊始就注意教会本色化，意图实现教会自治、自养、自传，成为当时在华新教差会本色化的典范。

第一节 英国浸礼会在华传教概况

英国浸礼会成立于 1792 年，属于浸礼宗的分支，为当时首个海外宣教差会。鸦片战争后的 1845 年，浸礼会总部决定派传教士胡德迈（Thomas H Hudson）、耶伦（W.Jarrom）夫妇来通商口岸宁波传教，翌年到达宁波，正式开始在华活动。但由于不熟悉当地语言及中国民众强烈抵外情绪，入教者甚少，加之经费紧张，浸礼会在 1870 年代将教务交给英国偕我会管理。

第二次鸦片战争后，浸礼会又派传教士夏礼（Charles J. Hall）夫妇于 1861 年到达通商口岸烟台，开始了在山东传教工作，后陆续派遣传教来烟。1875 年，由于布道效果不佳，在烟台传教的李提摩太（Timothy Richard）转赴山东青州传教，将烟台教会转交美南浸信会。李氏在青州走上层传教路线，结交当地官绅，尤其通过在"丁戊奇荒"中的赈灾扩展了山东教务。1877 年底，李提摩太又赴山西赈灾，借机开辟了太原教区，青州教务转由仲钧安（A. G. Jones）管理。浸礼会传教士特纳（J. J. Turner）则于 1885 年开辟沂州为山西第二个总站，教务向太原以北发展。1889 年，仲钧安又在邹平设立山东第二个传教区，并开始向博兴、滨县发展。1891 年，浸礼会派在山西传教的敦崇礼（Moir Duncan）、邵涤源（A. G. Shorrock）等先后进入陕西，在三原福音村建立浸礼会在陕西第一所教会，成为其在陕西境内活动的第一处总堂，时教会有信徒 50 名[1]。后敦崇礼于 1892 年又开辟西安为总站，向四乡布道。"1894 年，陕西已发展到 16 个布道站，650 名慕道者参加礼拜活动。"[2]1892 年，浸礼会又在山西代州成立总站。1893 年，英国浸礼会女布道会首派沙尔德茨（L. M. Shalders）和柯克兰德（A. O. Kirkland）两名女传教士来到青州，后陆续又在山西、陕西开展工作。1898 年时，"浸礼会在华有 25 名传教士，76 名中国布道员，293 处布道站。"[3]但好景不长，随着义和团运动在山东兴起，浸礼会各地教务大受影响。

义和团运动中，山东、山西两地浸礼会损失尤其严重，传教士及教徒的生命财产受到极大损害，布道工作被迫停滞。陕西浸礼会因受到巡抚端方保护，受损较小，传教士也暂时离境。待《辛丑条约》签订后，浸礼会传教士陆续返回，恢复教务。1903 年，原"耶稣教寿阳自立会"合并于山西浸礼会，扩展了布道区域。然山西教区经受义和团重创后，入教人数增长缓慢，1905 年时，"浸礼会在山西有 7 名传教士，15 处布道站，128 名教徒。"[4]在陕西教区，浸礼会教士于 1901 年返回后，则组织布道员四乡布道，不断扩展支堂，"1902 年

1　*Baptist Missionary Society, Ter-Jubilee Celebrations 1942-44*, London: The Alden Press, 1945, p.139.

2　*The China Mission HandBook*, Shanghai: American Presbyterian Mission Press,1896, p.49.

3　*One Hundred and Sixth Annual Report of the Baptists Missionary Society*, London: The Mission House,1898, p.207.

4　D. MacGillivray, *A Century of Protestant Missions in China, 1807-1907*, Shanghai: The American Presbyterian Mission Press,1907, p.86.

新增 8 处，到 1905 年又新增 14 处。"[5]1905 年，浸礼会又在陕西正式建立了延安总站。在辛亥革命前夕，"陕西教区的布道点已经达到 55 个，教徒也由最初的 41 人增长到 1200 人。"[6]山东教区方面，教务发展更快，1904 年后，浸礼会在山东陆续成立了周村、北镇、济南、潍县四大总站，其在山东传教区正式定型。到 1910 年时，"浸礼会在山东有 291 处布道站，4242 名教徒。"[7]民国成立后，推行宗教信仰自由，局势稳定，浸礼会获得发展良机。1914 年时，"浸礼会共有外国传教士 105 人，教徒 7286 人。"[8]一战爆发后，部分传教士回国参加战地服务，教会多靠中国职员维持，教会经费也颇为拮据。据《中华归主》1920 年统计，英国浸礼会在华"有总堂 11 处，正式教堂 447 所，布道区 415 处，男信徒 5089 人，女信徒 2848 人，基督教团体 10412 个。"[9]

1922 年，随着非基督教运动兴起，反教之声遍布全国，浸礼会教务也受到影响，各地教堂屡受冲击。如当时山西教徒日益减少，新入教者寥寥无几，教会门庭冷落，"经常守礼拜的男女不过十余人，教会势力受到了沉重的打击，教徒数在 1923 年也仅有 250 人。"[10]后又因五卅惨案及北伐战争爆发，浸礼会在华传教事业趋于停顿，部分传教士也被迫离开。南京国民政府成立后，随着局势的稳定，浸礼会又逐渐恢复教务。该时期受世界经济大危机影响，英国总部差会经费减少，教会无奈裁员减薪，然各地义务布道人员增加，积极参加中华基督教会发动的"五年奋进布道运动"，故布道工作有增无减。据 1935 年的统计报告，"浸礼会在山东组成教会 278 处，受餐者 5389 名；山西教区组成教会 18 处，受餐者 1207 名；陕西区组成教会 94 处，受餐者 3186 名。"[11]

抗战爆发后，浸礼会所在山东、山西成为沦陷区，教堂、学校、医院等教会财产受到严重破坏，传教士及基督徒的正常生活、人身财产都遭受了不同程

5　《陕西浸礼会历史》，《神学志》1925 年第 11 卷第 4 期，第 166-167 页。

6　E. H. Edwards, *China Missions And The B.M.S*, London: The Carey Press, 1912, p. 67.

7　R. C. Forsyth, *Shantung ,the Sacred Province of China in Some of Its Aspect,* Shanghai: Christian Literature Society, 1912, p.268.

8　J. P. Bruce, "Baptist Missionary Society", *The China Mission Year Book*, Shanghai: The Christian Literature Society for China , 1916, p.69.

9　中华续行委办会编，蔡咏春等译：《1901-1920 年中国基督教调查资料》上卷，中国社会科学出版社，2007 年，第 809 页。

10　E. W. Burt, *Fifty Years in China*, London: The Carey Press, 1926, p.99.

11　C. L. Boynton, *Handbook of the Christian Movement in China under Protestant Auspices National Christian Council of China*, Shanghai: The Kwang Hsueh Pub House, 1936, pp.19-21.

度的损害，陕西教区未沦陷却也常遭飞机轰炸，浸礼会刚刚在非基督教运动后恢复起来的教务又进入低谷。1941 年，"浸礼会在华有 36 名男传教士，女传教士 58 名，教徒则有 10606 人。"[12]随着太平洋战争的爆发，英国浸礼会在华传教士或被日军关进集中营，或回国避难，亦有赴国统区躲避者，教会的正常活动大受影响。抗战胜利后，传教士陆续返回，但复经国共内战，教务复苏较慢。1949 年初，"浸礼会在华有 34 名男传教士，47 名女传教士。"[13]新中国成立后，因英国承认新中国，国人对英国传教士印象较好，浸礼会的教务暂时得以继续维持。但随着抗美援朝战争爆发及受意识形态的影响，浸礼会传教士被迫相继撤离。到 1952 年 9 月 9 日，随着浸礼会驻上海总干事苏佩礼（H. W. Spillett）的离开[14]，浸礼会传教士全部撤离中国，三省教务移交给中国教会管理，也结束了其在中国活动长达百年的历史。

第二节 英国浸礼会与教会自治

在中国教会本色化方面，因中国教会急为缺乏经费与人才，自治为其中最难者。正如时人所言："夫教会果能自养，亦未必果能自治，以自治之道，弱半恃乎金钱，强半恃乎人才，果有自治之能力否也。欲企望教会自立，非极力注意教会有自治之资格，教众有自治之能力不可。"[15]英国浸礼会来华之初，在宁波、烟台传教之时，多是由差会出资、传教士出力传教，但很难吸引教徒。浸礼会传教士很快就意识到，仅靠外国差会而不依赖当地人进行传教，是根本行不通的。李提摩太来烟台传教后，发现单纯的巡回布道效果不佳，开始重视对本土布道员培养。他认识到："中国人在他们自己的宗教教义的传播和教育方面，有他们自己的一套方法，他们的组织是自给自治的。使基督教本土化的最佳途径是采用中国人自己的传教方式。主要的问题在于，当把基督教介绍给中国人时，以什么样的方式诉诸他们的良知——比他们所拥有的任何东西都

---

12 *One Hundred and Fiftieth Annual Report of the Baptists Missionary Society*, London: The Mission House,1942, p.8.

13 *One Hundred and Fifty-Seventh Annual Report of the Baptists Missionary Society*, London: The Mission House,1949, p.11.

14 Brian Stanley, *The History of the Baptist Missionary Society,1792-1992*, Edinburgh: T&T Clark,1992,p.331.

15 张西平、卓新平主编：《本色之探：20 世纪中国基督教文化学术论集》，中国广播电视出版社，1999 年，第 355 页。

更崇高的事物。"[16]李提摩太采用中国人传教方式，在青州教堂推行，取得较好效果。李提摩太离开青州后，接替他的钟钧安为了使教育有稳固的根基，开始坚持自治，凡教友能办到的事情就不插手，以造就他们的自治观念。在青州传教的白向义（E. W Burt）曾说："对于乡村礼拜堂及校舍，差会未曾有什么花费，这是因为教友自己设置了。他们聚集在简陋的村舍里，自己进行教会的事宜。这样便被训练成实践自治的原理了，这是山东西教士们所始终坚持不变的主义。"[17]

英国浸礼会还实行教徒自己管理，各地区的基督徒被划分成几个小组，每组选出德才兼备的领导人，并印刷大量的布道书、教义问答、圣诗集等宗教宣传品，分发给各地领导人之用。在间歇期间，当地领导人还一起前往固定地点接受培训，当地教堂联合还形成地区教会，最终发展成统会。"1890年，仲钧安在青州向伦敦报告说，他们已实现了自养自传的目标。青州已被分为六布道区，每区都向中心教区提供奉献。每地区选出有经验的牧师，并有年轻助手。"[18]浸礼会在华建立的教堂，一般都有经过培训的牧师照料，传教士一般只起指导作用。1910年，浸礼会在山东成立了浸会统会，将教会的管理与财政大权责任交给统会。统会有中国人担任主席，并聘中国信徒作为代表参加会议。

1922年掀起的非基督教运动，使教会转立于自保的地位，教会本色化步伐加快，中国教会要求自立、自治呼声越来越高。当时教外人士也对浸礼会充满敌意，主要因为："不平等条约，不仅让教会蒙羞受攻击，日益造成了传教之门的绝大阻碍；中国教会长期依赖差会供给，一方面造成教会的软弱，另一方面也让信徒加上洋奴、走狗的称号；从西方传来的基督教不仅带有外国色彩，甚至有教堂还书'大英国某会浸礼拜堂'，遇有较大或大有喜庆意义的集会，有的甚至扯上了外国的旗子，给中国人耻辱。"[19]基于上述原因，中国信徒认为，中国如长此不图自立，老作幼弱之教会，势必做奴隶之教会。故此，1925年，浸礼会效法美北长老会，选取中国人担任教育、布道、宗教委员会的负责

16　Timothy Richard, *Forty-Five Years in China, Reminiscences*, London: T. Fisher Unwin Ltd,1916,p.106.

17　吴立乐：《浸会在华布道百年略史》，浸会书局，1936年，第163页。

18　D MacGillivray (editor), *A Century of Protestant Missions in China, 1807-1907*, Shanghai: The American Presbyterian Mission Press, 1907,p.90.

19　中华全国基督教协进会编刊：《中华基督教会年鉴》第7期，上海，1924年，第20-21页。

人。1927 年，"中华基督教全国总会"成立后，时凡赞成"三自"原则的各派基督教组织，纷纷加人中华基督教会，浸礼会山东、山西、陕西三大传教区也于 1929 年、1933 年相继加入，分别组成中华基督教会山东大会、山西大会、陕西大会。虽然基督教大会名义上既是一个统一的组织，是教会的最高团体，而实际上各差会的组织系统并未改变，教会的一切大权，仍掌握在各差会手中。山东大会副会长张伯怀在报告中说："山东大会虽说叫中华基督教会，其实就真情实际而论，仍有六成是宣教区域，凡事以差会为中心者多，以教会为中心者少。旧浸礼会，在实际上教会本身，已是自立、自养、自主，一切教牧皆不受差会薪水，但组织上差会仍掌握最后之权。名义上统会虽是最高团体，实际上司会权柄还在统会之上。"[20]故浸礼会的名称虽然不用了，但原浸礼会的人事经济等关系变化不大，所谓"三自"的目标也名不副实。

长期以来，传教士因种种原因不愿或不能放手让本土教徒管理教会，而遭受教内外人士批评。非基督教运动后，浸礼会开始着重培养本地基督徒，并开设圣经知识、教会管理、议会规则、科学常识，卫生常识等课程，培训平信徒参与教会管理。此时期，英国浸礼会的传教士工作逐渐减少，凡属浸礼会的教会都呈现着没落气象，传教士的工作勉强维持。受经费所限，中国传道人员的一部分生活费由中国信徒负担捐献，浸礼会也开始移交教会权利，华人地位渐突出。1937 年出版的英文《中国差会年鉴》也专门提到了英浸会的教会自治政策，"三省教区的中国教会实现了自治，但差会还应派代表参与管理，实行中西合作比较适合。"[21]陕西教区成立时间最晚，但教会自立程度却最高，走在三教区的前列。1948 年，浸礼会基督徒王子元等在三原创办西北农工学院，由教友捐助钱粮，自办饮食，不足则由王子元家补充，坚持创办符合中国民情的教会学校，不接受差会的资助。

第三节　英国浸礼会与教会自养

经济自养也是实现教会本土化的重要问题，基督教在华传播需要大量资金支持。首先，专职教务人员维持自身的生活需要物质支持；其次，举行宗教活动的场所，例如教堂、礼拜所等的修建需要一定的资金；再次，宗教教义的

---

20 中华基督教会全国总会：《中华基督教会全国总会第二届常会纪念册》，广州，1931 年，第 205 页。

21 *China Christian Year Book,* Shanghai: Christian Literature Society,1937, p.199.

传播、宗教人员和牧师的培养，都离不开经济上的支持。时中国教会经费多依靠西方差会，当时浸礼会在华经费来源主要有三：一是英国浸礼会拨款，这是主要来源，占全部经费的百分之八十以上。二是中国信徒的捐献，按个人经济能力，量力助献，既不勉强，也不摊派，这笔资金为数有限。"1933 年，太原浸礼会捐款每年捐款 500 余元，皆作为本堂经费。"[22] 三是浸礼会在华开办学校、医院及实业等部分收费的收入，但为保持此类机构的慈善性质，收费普遍不高，在经费中所占比例不大。浸礼会总部经费主要来源于国内教徒自愿捐献与募捐，其对华历年拨款如下："1905 年，5078 英镑；1910 年，11275 英镑；1915 年，17190 英镑；1920 年，27926 英镑；1925 年，29320 英镑；1930 年，14358 英镑；1935 年，7697 英镑；1940 年，4178 英镑；1945 年，4126 英镑；1947 年，16300 英镑；1949 年，14600 英镑；1950 年 13000 英镑。"[23] 浸礼会所拨的这些经费用于外国传教士本身衣食住行的需要、购置必要的土地和修建教堂，建立教会学校、医院、博物馆花销，支付受雇当地传教人员的报酬等费用。其中，英国富豪捐献给浸礼会的阿斯辛顿（Arthington）基金为在华教务提供了雄厚资金支持。"1910 年代，英浸会利用该基金出资的 6 万英镑，先后建成了济南的广智院、山东共合医道学堂、青州神道学堂、西安广仁医院、山西博爱女医院等著名教会建筑，后还每年对华提供 5000 英镑的资助。"[24]

英国浸礼会在经费花销上有明确分工，中国教堂负责牧师薪水、教堂建筑、乡村学校的花费，教堂的日常花销由布道员提供，乡村学校、高级中学、学院的教员也被要求提供小数额的钱用于支出。差会的资金用于训练牧师、布道者、教师、医生护士，后期当差会经费减少时，大部分花费从学校医院的收入中获得。浸礼会还专门成立了专项基金与管理委员会，"成员由 4 名外国传教士、12 名本土布道员组成，他们由推选产生。16 人形成决策委员会，但他们由每年一度的大会管理，大会人员由传道者、及每布道区组成。"[25]以山东

22　中华基督教会全国总会：《中华基督教会全国总会第三届常会议录》，厦门，1933 年，第 124 页。

23　H. R. Williamson, *British Baptists In China,1845-1952*,London:The Carey Kingsgate Press Limited,1957,p.278.

24　B.M.S Arthington Fund, *The China Mission Year Book*, Shanghai: The Christian Literature Society for China,1914,p.507.

25　D. Macgillivray (editor), *A Century of Protestant Missions in China, 1807-1907*, Shanghai:The American Presbyterian Mission Press,1907,p.71.

传教区的支出为例，来看一下教会的具体收支状况。"1906 年，山东浸礼会教堂花费 900 墨西哥洋，用于 18 个布道人员支出，占全年花费的 60%。至于本土教堂的收入，现在上海有 1540 海关两的存款，利息 5%，每年利息用于支出布道者的津贴，基金在灾荒时会派上用场。"[26]特别是非基督教运动爆发后，山东教会的自养进程加快，"1925 到 1928 年，母会对中国浸会资金支持减少了百分之十二，教会自养在山东完全实现。"[27]陕西传教区自立一直走在陕西新教教会的前列，乡村中心都有自己的小教堂，由教民自己设立维持。"1912年，当地教会收入足以支付 3 个布道员的薪水以及 31 个教师一半的薪水，其余一半由学生父母提供。"[28]山西传教区的自养相对缓慢，1924 年，太原东夹巷教堂建立。"本堂经费常年 900 余元，由华人担负。华牧薪水，每月西差会提供十分之六。"[29]当然受经济条件限制，如太原桥头街教堂的经费则完全由浸礼会负责。山西传教区因教友经济困难，自养程度不高，但到 1937 年已基本实现。因缺少差会经费支持，就普通教会而言，凡是教会自养程度愈高，其传道任的薪金标准愈低。"山东英浸礼会，它的自养程度，继长增高，可是传道人的薪金标准，反而日见降低，因为当今的情形之下，有许多地方，欲教会供给差会所供给那种程度的传道人，实在是办不到的。"[30]

　　长期以来，皆是西方差会资助中国教会，形成了依赖心理。1929 年到 1934年间，因正逢西方世界经济大危机，绝大多数外国差会对在华教会的资助均有不同程度下降。西方差会经费的减少对教会日常活动大有影响，传教士人数也有所减少，但却客观上也增加了中国教会的自养水平。面对教会经济危机，浸礼会也提倡受托主义，鼓励教友捐献，同时采取多种措施加强教会自养，如减少教牧人员薪水，自给传道、副业增收等，成效显著。教会自养，最主要为增加教友捐输的能力，而这需要增加他们的生产力，故必须加强对教友技能训练，需要培养专门的人才。故此，加强义务领袖训练，因他们有固定的生活来源，不受教会津贴，完全凭信仰服务教会，增加教会事工的效率，却不增加教

26　D. Macgillivray (editor), *A Century of Protestant Missions in China, 1807-1907*,p.71.

27　H. R. Williamson, *British Baptists In China,1845-1952*,London:The Carey Kingsgate Press Limited,1957,p.254.

28　Thos. Cochrane, *Survey of the Missionary Occupation of China*, Shanghai: The Christian Literature Society for China,1913,p.230.

29　张近衡:《山西浸礼会之经过及现状》,《总会公报》1933 年第 5 卷第 1 期，第 1187页。

30　韦格尔编:《培养教会工作人员的研究》, 广学会，1935 年，第 16 页。

会的财政负担。[31]抗战期间，英国国内也忙于应对德国侵略，总部差会的经费虽有所减少，但仍每年向中国提供部分资金开展各项社会事业，教会的自养，因教徒减少而使负担减轻。现据浸礼会年度报告对 1938 年、1939 年英国浸礼会对华经费各项支出作一介绍，具体见下表：

英国浸礼会在华经费 1938-1939 年统计表[32]　　　　　　　　单位：英镑

事　业	1938 年	1939 年
日常支出	13608	13478
妇女工作	4278	3909
医学工作	9118	8428
文字出版工作	455	452
慈善救济工作	948	1963
总计	28402	28232

太平洋战争爆发后，英国浸礼会在华传教士或是回国，或被囚禁，浸礼会在华人力、财力支持大不如前，虽加重了中国教会的困难，但对长期呼吁的教会本色化运动却提供了难得的契机，中国教会的自治、自传、自养进程加快，这也是抗战带来的有利影响。但是，传教士只希望中国教会在经济上能够减轻差会负担，却不希望中国教会实现真正的独立。大多数新教传教士不愿看到这种局面的出现，担心中国教会实现自养后会真正独立，他们将失去以往在教会中的地位。传教士的这种心理无疑不利于中国教会自养的顺利开展。中国教会的自养不是一个孤立的过程，而是一个与"自传、自立"共同推进的过程，而传教士却往往回避中国教会实现"自立"这一问题。

第四节　英国浸礼会与教会自传

在教会本色化方面，自传为最根本之所在，然自西方差会踏入华夏大地后，传教士始终是传播福音的主力，普通的教徒反是被动接受，而无自觉传播福音意识，"在教会中，除了作礼拜，捐款，学习祈祷以外，就算尽了教友的

---

31 中华全国基督教协进会编刊：《中华基督教会年鉴》第 12 期，上海，1934 年，第78 页。

32 *The Baptist Missionary Society 147TH Annual Report For the Year ending March 31,*1939, p.215.

本份"[33]。浸礼会传教士来华后，发现要在中国推展任何工作，都必须倚仗本地助手的协助，因此也格外重视对本土布道员的培养。在近代中国恶劣的政治及社会的环境下，本地传道助手对传教士实在是不可或缺的；倘无他们协助，传教士将更无事可为。时来华传教士认识到："西方是不能够派出足够传教士来到中国这块广大的土地上，对四万万多的中国人宣讲福音的。即使能派出三四万传教士，但语言不通，思想上的交流也被阻碍了。宣讲福音的关键工作应由受过训练的中国人承担，他们六分之一的努力就可达到外国宣教士宣讲的效果。"[34]浸礼会训练本地传道人，初期亦仅采用学徒制，由传教士向他们的传道助手提供在职培训，后随着对布道员素质要求提高，开设正规神学学校，进行全面的神学教育。纵观浸礼会来华后各个时期，都不间断地开设神学科、班，著名者如青州神道学堂、西安关中道学院、周村明道神学院等。即使在普通学校中也附设神学班，甚至连日伪统治时期的青州守善小学之内，都设有"查经班"。通过这些神学机构，一代接一代地培养牧师、传教士和布道员，以山东为例，"1900 年，浸礼会在中国布道员 92 人；1919 年，则达到 142 人；1937 年，增长到 412 人"，[35]浸礼会培养的本土布道员与传教士密切合作，或在教堂宣教，或在乡下城里旅行布道，逐渐成为浸礼会在中国开展布道事业的骨干。

在教会自传问题上，则以山东浸礼会联合会国内布道会最为典型。该会组成于 1909 年，宗旨在于对本省浸礼宗在教区未有宣教事业的地方进行布道，布道人员也全是中国人。1920 年时，"布道区中有一个布道员在进行工作。有一个县城的工作很令人鼓舞，此外没有做出什么显著的成绩。常年捐款未曾超过 400 元。去年只筹集到 200 元。"[36]捐款数的下降，一部分是因为教徒穷困，一部分是因为浸礼会正集中全力建立一个强盛自养的牧师管区，这就使教徒的负担几乎达到了极限。该会布道款项募集的方法如下：将宣教会的区域分成 25 个区，每区教会由执事和长老负责筹措牧师的薪水，而募集布道捐款的责任则落在牧师身上。牧师们一般承认培植教徒的布道精神为他们主要任务之

33 戴淑明：《我对于基督徒应任义务布道的几句话》，《金陵神学志》1932 年第 14 卷第 3 期，第 24 页。

34 *Records of the First Shantung Missionary Conference at Ching-Chow fu, 1893*, Shanghai: The Presbyterian Mission Press,1894,p.63.

35 Norman Howard Cliff, *A History of the Protestant Movement in Shandong Province, China,1859-1951*, University of Buckingham of Ph.D dissertation ,1994,p.390.

36 《1901——1920 年中国基督教调查资料》，第 1022 页。

一。由于款项缺乏和需要增加受过训练的领袖们的薪水，外国传教士不得不提供了少数布道员的薪水。"有一个教堂单独供给了两个布道员的薪水。这些布道员月薪七元。他们每年八个月从事布道工作，其余四个月在他们的田地里劳动。"[37] 虽然布道团的布道区域有限，但许多地方热心的教徒仍然捐献足够的款项用以派遣若干布道员到未开辟区去。而赞助教会的教友们对于他们布道会所聘用的布道员的人选非常细心，比用外国款项时要细心得多，这对促进教会自传无疑帮助巨大。

浸礼会来华之初，多去乡村旅行布道，散发出售圣经与基督教小册子，中国布道员也陪同传教士布道，后还组队单独布道。当时在山西浸礼会教区，"华人传道人组成 3 队，前往太原府附近的阳曲、太原、榆次、寿阳、忻州、定襄 6 县，每月做 3 星期旅行布道。"[38] 由于乡村布道没有固定场所，浸礼会还从 1923 年起采用了帐篷布道的方法，成为中国布道员常用方式。当时，由浸礼会向中国布道人员提供节假日期间使用的帐篷设备及生活经费，并配备了男女志愿工作人员，一般可容 250 到 500 人。1924 年，"浸礼会在山东资助了 5 人的帐篷布道团，曾经在 18 个中心地区举行了布道，平均每个中心停留时间为 8 天，每天聚会 3 次。结果接受了 400 多名渴望学习基督教义的男女。"[39]1930 年，中华全国基督教协进会为扩大布道，掀起了"五年布道奋进运动"。基督教协进会发动五年运动，也看到单纯依靠传道人布道的弊端，"范围太狭，效果不大"[40]，故强调平信徒乃是一股改变世界的力量，有责任宣传福音，而非单是在教会挂名，提倡个人布道，在一年中鼓励教友达到一人引一人归主的目的。现以中华基督教会陕西大会为例说明，1933 年 11 月 7 日，为响应教会五年运动，陕西大会在西安崇道中学召开特别布道运动筹备大会。此次运动分为播种、培养、灌溉、收成四时期，专门从中国布道人员中选 10 人为组长，负责组成 10 个特别布道区，每组中有男女教友各二人为组员，连同组长共五人，将该会 110 处支会分为 10 个布道区负责。1934 年 1 月 15-25 日，又在西安东关崇德女校召开 10 名组长及 40 名组员参加的布道运动研究会，讨论布

37　《1901——1920 年中国基督教调查资料》，第 1022 页。

38　汤清：《中国基督教百年史》，道声出版社，1987 年，第 408 页。

39　Henry Theodore Hodgkin, Tent Evangelism in Shantung, *The China Mission Year Book* ,Shanghai: Christian Literature Society,1925,p.201.

40　《本总会致堂会诸公的一封公开信》，《总会公报》1929 年第 1 卷第 10 期，第 293 页。

道材料、各地布道徵友会、教诗歌等事项，并为各小组进行授旗礼。"此后相继成立布道徵友会 90 余处，会员一千七百人，凡在教友中宣布引人归主，并按时赴会均可入会。"经过近一年特别布道运动的开展，成效显著，"渭北区会收得教友 543 名，学友 706 名，渭南区会新教友 140 名，学友 160 名，总计教友 683 名，学友 866 名。"[41]故在 30 年代后，随着传教士来华人数的减少及对本土布道员培养的增多，中国本土布道员逐渐在布道中占据主导地位，传教士转而进入指导，推动了中国教会的自传化进程。

近代传教士来华后，由于中西文化冲突，民族主义高涨等原因，各地教案频发，也迫使基督教会逐步调整传教策略，以适应中国社会的特殊民情，浸礼会在此方面尤为瞩目。李提摩太在山西传教时期，仍然推行其在青州府传教用的中国化传教方式，他在名为《中国急需：善良的萨玛利亚人》小册子中，提到了其传教方式："对每个新到的传教士来说，除了学习语言外，还应当致力于研究当地人的宗教，研究传教手段，这是基本的、必需的，因为能扩大他们的工作效果；大量雇用当地人从事传教工作是十分必要的，与单纯雇用外国人相比，雇用中国人从事传教工作的成效要高出八倍，也更合算。"[42]浸礼会在雇佣本土布道员问题上，也比较谨慎，有详细规定："第一，除了在特殊情况下差会的四分之三人同意，差会不能雇佣那些没有至少三年传教史的人作贩书人或助手。第二，差会不能雇佣对其家庭及四邻没有热情作善事的人作贩书人或助手。第三，不能雇佣任何人在自己的家乡偶尔作布道工作。"[43]但在具体实施上也是因地制宜，浸礼会曾在同一地区试行新、旧两种方法，结果发现那些有偿代理人所建立的教会十分衰落，有的甚至到最后完全消失，而建立在自传基础上的则一般较有生机。浸礼会在华的布道工作，也充分考虑到了中国风土人情习惯，便利了传教工作的开展。曾在山东传教的浸礼会女教士林惠生夫人（Mrs. S. B. Drake）直言不讳提到："从事传教工作，尽量抛开雇佣观念，和中国的基督徒工作必须用和别处同样的方法进行的观念，我们必须采用自己的方法来适应人们的精神、道德和社会情况。为中国人的会议、礼拜、上课

---

41 朱晨声：《陕西中华基督教会五运布道会概况》，《中华归主》1935 年第 152 期，第 20 页。

42 Timothy Richard, *Forty-Five Years in China, Reminiscen*ces, London: T. Fisher Unwin Ltd,1916, p.192.

43 *Records of General Conference of the Protestant Missionaries of China ,held at Shanghai, May 7-20, 1890,* Shanghai:The American Presbyterian Mission Press, 1891, pp.167-177.

或交往来安排时间，必须多考虑他们的方便，而不是我们的方便；教育方法则应该采用最能提高和增强他们的本土观念的。换句话说，我们应该研究我们听众的需要，力求适应他们的需要，这对他们最有帮助。"[44]这些原则是传教士在华布道所作出的主动调整，也为各教区传教士所沿用，利于增进中国教会的本色化程度，也为中国布道员的自传创造了有利条件。

纵观英国浸礼会在华百余年活动，其对中国教会最重要的贡献，可说是引导他们自治、自养、自传，也走在来华新教差会前列。正如基督教协进会人士所说："我不曾在中国见过这样能自治、自养、自传的教会礼制，像浸礼会传教士在山东所创设的一样，该教会为了信教的真实，而固有的团契，特殊的显著。而该传道会在山东引领组织的教会先道们，都是天才卓越而最能洞察当地情形的，所以他们的设施，恐怕没有人曾做到，这是完全适合于中国的情形，别处教会也应当以他们所领导的组织为标本。"[45]当然浸礼会在教会三自程度上走在前列，也是与其传教士人数、经费有限所致，其行为本身有益于中国基督教本色化进程，但真正的本色化还需要中国教徒自己完成实现。但是受种种条件限制，大部分中国基督教徒虽然呼吁本色化，实际付诸行动者却不多，且始终存在对西方差会的依赖，这也是基督教未在中国实现本色化的关键原因。英国浸礼会虽然在教会本色化方面做出了有益探索，但其在华基督教会仍是以西方差会与传教士为主体，其传教策略与组织机构仍与西方差会密不可分，中国基督徒并未在教会中占据主导地位，教会的经费主要仍来源外国差会，中国教会的本色化并未从根本上实现，直到新中国成立后才得以完全实现。

---

44 *Records of The Second Shantung Missionary Conference at Wei-hien, 1898*, Shanghai: The Presbyterian Mission Press, 1899,p. 83.

45 吴立乐：《浸会在华布道百年略史》，第 173 页。

第十二章 在地教育与福音传播：华北基督教中学立案后的宗教教育调适（1928-1937）

　　基督教在华教育为中国基督教史研究中较早兴起的领域，教会大学研究已取得丰硕的成果，但教会中学的研究则相对不足，区域个案史研究仍待加强，而且学界对教会中学的办学情况关注较多，却对学校内宗教教育特别是其立案后的开展情况则是关注不多。[1]教会学校最初通过办学的方式进行传教，且脱离政府管理，实际侵犯了中国教育主权。南京国民政府成立后，切实加强了对教会学校的管理，要求其在政府立案，并对宗教必修课及宗教活动等进行了严格限制，给基督教的传统教育事业造成了重大冲击。特别是教会中学在中国基督教教育体系中占有中坚地位，不仅因其数量庞大，受众面广，而且此阶段也是青年学生人格形成的重要时期，故在新形势下面对挑战，如何进行调整并开展宗教教育，是教会中学立案后面临的首要问题，因此也有重要的研究价值。

1　在该问题的研究上，学界代表性论著有尹文涓主编的《基督教与中国近代中等教育》(上海人民出版社，2007 年)、胡卫清：《论近代教会学校的宗教教育》(《学术研究》2001 年第 7 期)、胡小君：《浅论教会中学的宗教教育》(《河南师范大学学报（教育科学版)》2002 年第 3 期)、任淑艳：《民国时期教会学校的宗教教育之悖论》(《史学月刊》2009 年第 6 期)、张美平：《民国浙江教会中学的宗教教育及当下启示》(《浙江外国语学院学报》2014 年第 1 期)及鲍静静：《立案前后广东教会中学宗教教育策略的改变》(《基督宗教研究》2016 年第 1 期)等。上述论著多是宏观考察教会学校宗教教育或重点关注广东、浙江教会学校的宗教教育，但对华北地区的教会中学宗教教育涉及较少。

　　欧美基督教差会自近代来华后，在华北地区陆续建立了数十所教会中学，为当时全国教会中学比较密集的地区，且当时多数中学选择了在政府立案，并进行了比较有针对性的宗教教育调整。为此，本章以华北基督教教会中学为研究对象[2]，考察教会中学在南京国民政府时期立案后，开展宗教教育的新举措及其具体活动，进而对教会教育与福音传播的复杂关系有所认识。

一、教会学校宗教教育的挑战

　　教会学校在华设立初衷，即为培养基督徒与布道人员，故学校重视宗教的影响，充满浓厚宗教气氛，开展各种宗教教育以传播基督教，表现基督化的人生哲学，并使学生在日常生活中显示出这种基督化生活的实行精神。教会学校在政府立案之前，宗教课程一直为学生必修。如 1929 年，天津汇文中学的文、理、商三科的高中学生都必须学习《耶稣言行》《宗教比较》《宗教学》等课程，另部分选修课也涉及宗教内容。[3]除了必修宗教课外，校内在校学生还必须研习圣经，参加学校举办的祈祷、礼拜、主日学及各种基督教节日活动。长期的耳濡目染，非信教学生也会对基督教产生兴趣，甚至受洗入教，因此学校也是布道的重要场所。正如有学者所指出：教会学校的"宗教教育在于劝谕和教化学生养一种基督徒式的思考和情感方式，以基督精神占领学生们的思维空间。"[4]但这种强制性灌输，也颇遭非议，如有教外人士称："教会学校太专制，教会学校里的学生,思想行动是不能自由的。中学生不消说，圣经是项重要的功课，礼拜非作不可，如果发现了不信任宗教的言论时，马上要受开除或记过的处分。"[5]而且强迫学生参加礼拜与接受索然无味的宗教课程，对学生接受宗教教育并非良策。

　　1927 年，南京国民政府成立后，延续北洋政府末期要求教会学校立案的规定，同时不断加强对其宗教教育的限制。特别在限制教会学校传教方面，教育部于 1929 年 8 月颁布的《私立学校规程》第一章第五条规定："私立学校如系宗教团体所设立，不得以宗教科目为必修科，亦不得在课内作宗教宣传。学校内如有宗教仪式，不得强迫或劝诱学生参加。在小学并不得举行宗

2　本文中的华北，特指北平、天津、河北、山西、山东地区。

3　天津私立汇文中学编：《天津私立汇文中学章程》，天津，1929 年，第 23-28 页。

4　任淑艳：《民国时期教会学校的宗教教育之悖论》，《史学月刊》2009 年第 6 期，第 135 页。

5　易厚庵：《整顿学风与教会学校》，《大公报》1930 年 12 月 26 日，第 12 版。

教仪式"[6]，而后还解释规定仅有高中及大学可以选修宗教课。教育部还在同年 9 月发布训令，要求各地教育机关严厉制止外国人及教会所设立的学校作宗教宣传，若有违背，主管教育行政机关得撤销其立案或解散之[7]，后又多次令各地教育机关严查此事，给教会学校带来了极大挑战。

对于宗教教育实施问题，教会内部也有争论。有的教会以为教会学校为造就健全的人格，必须授以宗教教育，否则宁可停办；有的则以为宗教重精神不重形式，即使不能在课内教授宗教，而课外仍有实施宗教教育之可能。[8]当然大多数教会还是希望国民政府放宽对宗教的教育的限制，在此形势下，中华圣公会曾以《中华圣公会为教会学校读宗教科事呈国民政府文》于 1929 年上书教育部，认为此举有违宗教自由，希望教徒子女可以宗教课程为必修科，并参加宗教仪式，被教育部驳回。[9]1930 年 6 月，中华基督教会、美国公理会、信义会等 15 个外国在华教会又联名上书教育部，请求教会学校的宗教自由，希望各级学校得设宗教选修科目，小学可举行宗教仪式。[10]但此请求同样遭到教育部的驳斥而未果。

南京国民政府在 1928 年夏实际控制华北地区后，也陆续开始要求华北的教会学校根据相关条例规定立案。因教会学校不在政府立案，学生毕业将得不到社会承认，故在学生及家长的压力下，当时大部分华北教会学校在北洋政府统治时已立案的基础上，又在国民政府统治前期的 1930-1932 年间陆续完成立案。但有的教会学校为了逃避立案，则根本改变学校性质，使不在部章立案之列，成为专门的神学校。还有少数学校直接采取停办学校方式以对抗立案，如在山东的英国浸礼会认为在当时规定下无法在学生中继续推行宗教教育，而差会总部也不认可学校的宗教目的在实施中有所掩饰，故决定停办该会在山东的所有中学。[11]从教会中学数量看，据 1928 年统计，河北（含北平、天津）有教会中学 25 所，学生 3692 人，山西有教会中学 4 所，学生 215 人，山东有

6　《私立学校规程》，《总会公报》1929 年第 9 期，第 271 页。

7　《训令第 1241 号，1929 年 8 月 23 日》，《教育部公报》1929 年第 1 卷第 10 期，第 60 页。

8　《社言：教会学校的前途方针》，《兴华》1930 年第 27 卷第 12 期，第 2 页。

9　《中华圣公会为教会学校读宗教科事呈国民政府文》，《真光杂志》1929 年第 28 卷第 6 号，第 48 页。

10 "Petition for Religious Liberty in Education", *The Bulletin of the National Christian Council* ,No.36,July,1930,pp.6-8.

11 *Religious Education in the Chinese Church:The Report of a Deputation, 1931*,Shanghai: National Committee for Christian Religious Education in China, 1931, p.169.

教会中学 28 所，学生 2309 人。[12]经过立案调整，教会中学数量减少，但学生增多。如 1932 年统计，河北（含北平、天津）有教会中学 19 所，学生 6849 人，山东有教会中学 20 所，学生 2827 人，山西有教会中学 3 所，学生 558 人。[13]

教会中学在政府立案后，宗教教育整体减弱，宗教传播的空间缩小。如河北通县富育女中报告说："立案后，圣经课程减少，礼拜堂被改为非宗教的会议厅，晚祷也中止了。而且学生参加主日学校与教会服务也是自愿的"。[14]特别是校内的基督徒学生受到了干扰与影响，部分学生信仰发生了动摇。有些学校礼拜也看不到学生踪迹，也因教会学校未立案时，"压迫学生过甚，待取消压迫令，学生当然发生反感，而讨厌教会的"[15]；同时，因在教会学校内出身非基督徒家庭的学生人数增多，他们父母的多种信仰也对其产生了影响。"他们的父母亲戚，素来信佛信儒，做子弟的对于他们，总有些好感，所以那些学生，在不知不觉中，不但不去破除迷信，反来反对基督教。"[16]在学生对宗教态度方面，"因信教自由，学生从前读经礼拜，必恭必敬，今则马马虎虎，信徒子弟，无从获益。"[17]这些变化也给教会中学宗教教育开展带来了困难。

二、宗教选修课及教师的影响

因教育部规定只有高中可以开设宗教选修课，华北的教会中学通过在选修课程的教授及所用教材上不断变化，继续宣传介绍基督教的精神、伦理与教义，并借助基督徒教师的影响，来对学生实施宗教教育。但立案后的教会中学宗教教育重点已经从培养基督徒转向培养学生的基督化人格，正如有教会人士所言："以宗教的精神与态度，引领学生使与基督博爱、牺牲、服务的精神相接触，使他们多少得着一点为立身处世的基础。"[18]

---

12 缪秋笙、毕范宇编：《基督教中学校宗教教育的研究》，中华基督教教育会，1930 年，第 249 页。
13 黄溥：《最近十年之基督教学校》，《教育季刊》1936 年第 12 卷第 1 期，第 33 页。
14 Alice M. Huggins, "The Church Members' Meeting", *The Educational Review*, Vol.26,No.5,November 1934, p.398.
15 《如何解决现教会的青年问题》，《华北公理会月刊》1931 年第 5 卷第 6 期，第 2 页。
16 祝宝庆：《近中国教会之情形与困难及如何补救》，《中华归主》1935 年第 153 期，第 17 页。
17 李培廷：《今日教会学校之我见》，《圣公会报》1936 年第 29 卷 23 期，第 21 页。
18 刘廷芳：《基督教教育今日之前后观》，《中华基督教教育季刊》1934 年第 10 卷第 1 期，第 23 页。

在宗教不能设为必修课情况下，当时教会中学在课程安排上，多开设基督教要义、圣经课、宗教哲学、宗教历史、宗教比较学等选修课，并且适应学生的需要设置，增强学生选读的兴趣。华北基督教教育会曾提供高、初级教会中学皆可选用的课程名录，各学校也针对各自实际为学生提供相应的选修课程。如北平慕贞女中在高中的选修课程规定高中一、二年级学习先知的教训；高中三年级学习宗教的仪式，演剧和艺术的研究。[19]当时各教会中学也选用有针对性的宗教教材，如北平慕贞女中编有《中学公共崇拜表演教材》，每季还有表演基督短剧的编排，而短剧已编成书的有救主诞、复活节、感恩节等，可供青年聚会之需；北平汇文中学则使用《基督教大纲》及彭彼得的《人生哲学》等书[20]，以上教材也在其他教会中学使用。而且各校宗教课程为引起学生兴趣，注重采用传纪类教材，除名人传外，耶稣的生平和教训，多为各校所采用。[21]

从华北教会中学宗教选修课的具体讲授看，北平崇实中学的高中部有宗教哲学，宗教历史等选修课，"对于基督教之来源，历史，教义以及各种规则仪式，皆相机输于学生，使能明了基督教为世上最重要之宗教。但对其他宗教，亦非永不提及。关于其教义、教主之生活，教统之传流，皆详细讨论。其最重要者，是各宗教之详细比较，以显示基督教之完美，使学生乐于研究及皈依。"[22]而在效果上，据该校 1931 年报告，除在选课人数较前为逊外，精神方面则有过之无不及。[23]山东即墨信义中学在课程方面于 1934 年秋季改变方针，凡学生不愿上宗教选修课者，则需要选修伦理学。1935 年时，该校的宗教选修课程有耶稣言行三十课、使徒行传及基督教与青年思想三门，当时伦理学有学生选修者 9 人，其余完全上宗教课程，各班每周授课 2 小时。[24]北平汇文中学的高中宗教选修课有基督教略解、人生哲学，又加上教师经常与学生谈到宗教生活，所以在高中毕业时，有许多的学生领洗。在该校初级中学没有宗教选修

19　缪秋笙、毕范宇编：《基督教中学校宗教教育的研究》，第 145-146 页。

20　《全国宗教教育大会美会代表团与委员会之决议案并记录》，上海，1931 年，第 30-31 页，上海市档案馆藏，档案号：U107-0-177[1]。

21　缪秋笙、毕范宇编：《基督教中学校宗教教育的研究》，第 150 页。

22　《北京私立崇实中小学校一年概况报告书》，北京，1937 年，第 39 页。

23　罗遇唐：《北平崇实学校概况》，《教育季刊》1931 年第 7 卷第 1 期，第 66 页。

24　子修：《即墨信义中学今学期宗教教育概况》，《鲁东信义会刊》1935 年第 3 卷第 5-6 期，第 22 页。

课，只能以公民课补齐课程。[25]山东北长老会所办的教会中学则是让学生自由
选择宗教课程，且计入学分，但学生在选择参加学习一门课程之后，学校也希
望他可以去听课，如果不去，则要记录其旷课行为。[26]而且教师在讲授基督教
经典时，不再是简单的强制学生死记硬背，而是在讲解时注重"把其中伟大的
人生，介绍给学生，使他们能明白基督化的生活，并且能够效学。"[27]

因宗教课的选修制无先例可循，各校多摸索试行，效果也不尽相同。有基
督徒认为选修制能减少学生的反对，加增学生的兴趣和自动力，促进宗教教授
的改良。此外又能与各项课外活动相互进行，使学生皆能得着一些宗教教育的
益处。[28]根据当时选修科目比例统计，华北各校程度不一。有些中学的宗教选
修课程得当，教师用心，则选读的学生较为踊跃，反之则低。据 1933 年秋季
至 1934 年春季学期报告，北平汇文中学高中部选修宗教科目学生达到 41%，
北平笃志女中高中部选修率为 44%，初中部选修率 31%，济南齐鲁中学高中
部选修率 60%，初中部选修率 52%，青岛崇德女中高中、初中部选修率都为
13%；泰安德贞女中高中部选修率 88%，初中部选修率 71%，昌黎贵贞女中初
中部选修率则达到 90%；胶州瑞华中学初中部选修率 93%。[29]从此可以看出，
有些学校的初中仍然在选修宗教课，实际有违教育部规定。

尽管宗教成为选修课，但当时教会中学内还有伦理学、人生哲学、历史等
其他课程可间接灌输基督教，培养学生的基督化品格。当时华北的教会中学即
充分利用了其他非宗教的课程，或通过音乐选修课来传授宗教歌曲，或在教会
学校英文课程中，很多学校即用圣经做教材。而在教会中学的历史和文学课程
中，常含有宗教历史和宗教理想；人生哲学和伦理学中，常论及人生问题；社
会科学中常间接地提到重要的道德和宗教问题。[30]

---

25 《华北基督教教育会中学宗教教育讨论退修会议报告》，《教育期刊》1930 年第 35
   期，第 21 页。

26 John J.Heeren, *On The Shantung Front : A History of the Shantung Mission of the
   Presbyterian Church in the U.S.A. 1861-1940* ,New York, 1940,p.236.

27 甘保罗：《基督教中等学校的基督化事工》，《教育季刊》1934 年第 10 卷第 2 期，
   第 45 页。

28 缪秋笙：《基督教中等教育概况》，《中华基督教会年鉴》第 11 期，中华全国基督
   教协进会，1931 年，（肆）第 72 页。

29 葛德基：《督教中学最近统计》，《教育季刊》1934 年第 10 卷第 4 期，第 135-136
   页，141-142 页。

30 缪秋笙、毕范宇编：《基督教中学校宗教教育的研究》，第 115 页。

　　教会中学立案后，由于学校中仍有众多教师信奉基督教，通过他们在课堂无形中传播宗教也会对学生产生重要影响，故当时教会学校还注重教师在宗教教育中的作用。因当时学校经费紧张，学校中正式聘用的中外职员减少，短期雇员增多，但学校仍对教师的基督信仰有所要求。如1930年，山东北长老会开办的学校即曾倡导："我们最需要的对于学校的基督教性能够起决定作用，保有高度基督教修养和友谊的教师。"[31]美国美以美会甚至还曾要求在该会开办中学中"所有教职员包括中国籍教师，都应当是活动积极的基督徒。如果这做不到，也应当至少有百分八十的教职员达到此目标。"[32]中华浸信会全国联合会则提出："激励基督徒教员对学生个人发生兴趣，向学生作个人工作，并开讨论班；每个中学校，应有基督徒教员，最少应占全校三分之二，并应有一位优美的宗教指导员。"[33]

　　从各校实际情况看，当时立案后教会中学教师中的基督徒仍占多数，且多为中国籍，也利于在学生中宣传福音。如1932年华北公理会的8所教会中学的259名教职员中，外籍教职员仅有23名，中西教职员里面非基督徒有78人，约占30%。到1936年该会的8所教会中学有教师315名，外籍教职员仅有20名，比例进一步减少，而在所有教师中非基督徒为111名，约为35%。[34]再如据1935年报告，"北平崇慈女中有教师27人，其中基督徒占20人，天津汇文中学有教师40人，基督徒占25人，在北平、天津的10多处教会中学中，仅有天津究真中学基督徒教师比例不到一半，在19名教师中仅有8名为基督徒"[35]，可以说当时大部分教会学校中基督徒教师的比例都高于非基督徒。个别学校教师的非基督徒比例更低，如1936年，通县富育女中15名教师仅2名非基督徒，德县博文中学19名教师仅5名非基督徒，北平育英中学107名教师中非基督徒为28名[36]。故此，各教会学校除了宗教选修课外，还可充分

31　《美国北长老会中国总部第二十一次年会（1930年）》，山东省档案馆藏：私立齐鲁大学卷宗，档案号：J109-01-115。

32　*Program of Religious Education for the Methodist Episcopal Church In China,1928-31*,Shanghai: The Committee on Religious Education,1931,p.25，上海市档案馆藏，档案号：U107-0-177[2]。

33　刘粤声等编：《中华浸会百周年纪念报告书》，广州，1936年，第217页，上海市档案馆藏，档案号：U105-0-22。

34　《华北基督教公理会促进董事部第二十三届年会报告记录》，汾阳，1937年，董事部各中学表，上海市档案馆藏，档案号：U115-0-12。

35　*The China Christian Educational Association Bulletin*, Shanghai ,No.36,1935,p.17.

36　华北综合调查研究所编：《华北公理会调查报告书》，北京，1944年，附表：第二表。

利用基督徒教师在课堂上通过各种方式继续传播基督教，只是不再直接讲授基督教教义，但此举显然有违教育部《私立学校规程》中不得在课内传播宗教规定。

因宗教课程已不是学校必修课程，故教会中学的教师对福音的传播，除了少数通过宗教选修课外，更多是通过基督化人格感化进行，用基督教的精神来影响学生。教会学校内的外国教士多充任宗教指导员，热心宗教教育，也在课余时间经常组织学生在家中或其他场所进行团契、聚会等活动，对学生进行有关灵性的谈话及联络感情，在潜移默化中传播了基督教精神。中国基督徒教师也协同外籍教师在传教中发挥重要作用，如当时通县富育女中教员都是基督徒，每月开讨论会进行宗教训练以便为课堂开展教学；天津的汇文、中西两校则是将教师分配于中学六年级，每年级有三位教师担负宗教教育责任，在感情上与学生发生密切的关系，成绩颇佳；两校教师还组织了辅导委员会来负责承办奋兴会，吸引学生参加，并与学生合组基督教团契。[37]但也有部分教师因教学压力较大，无暇顾及宗教，故也有学校聘请专门的宗教指导教员或布道员。

三、多样的课外宗教教育

因《私立学校规程》规定不得强迫学生参加宗教仪式，故各校不断丰富宗教教育的形式，并且借助校内的青年会、基督徒团契等团体，从青年学生的心理与需求出发开展多样的宗教活动，并减少布道会等单纯的宗教宣讲，注重通过个体活动、友情关系等各种方法接近学生，并将宗教活动与体育、娱乐活动相结合，以吸引学生参加，借机实施宗教教育。此阶段的宗教教育不再是强制灌输，而是本着基督教的精神，重在通过宗教活动对学生进行基督化人格的培养，进而促使学生加入基督教。

为了适应学校立案后的新形势，华北各教会中学在宗教教育上也通过各种形式继续实施教育。各教会中学多成立了专门的宗教教育组织，开辟专门空间供学生宗教活动，由教职员、外国传教士及教会牧师出任宗教教育干事或指导员。如北平育英学校设有宗教指导员，北平崇实中学设有宗教委员会及青年礼拜委员会，并有宗教干事一人负责学校宗教工作；天津的仰山、究真两校则组织宗教事业联合会，担负指导学生宗教生活之责任，教职员数位

---

37 《华北基督教教育会中学宗教教育讨论退修会议报告》，《教育期刊》1930年第35期，第27页。

亦随时指导。[38]华北公理会董事部教育股还为其开办的八所中学设立专门布道员，由基督徒彭锦章出任此职，定期到八校举办教徒礼拜、宗教集会、小组讨论以及个人谈话，特别在演讲中注意引入宗教和圣经。[39]立案中学还加强与教会在宗教教育方面的合作，为吸引学生参加，重新组织宗教活动，与学生实际生活发生密切联系。如华北美以美会及其开办学校合作开一宗教教育会，凡来加入该会的学员，回校后对于宗教事业无不尽力帮忙，并且仍由学校与教会共同担任学生的宗教训练。[40]

在课外宗教活动上，复活节、感恩节、圣诞节等基督教重要节日，教会中学与附近的教会常联合举行庆祝活动，请名人布道或演讲宗教问题，也有很多非基督徒学生参加。如北平崇德中学的复活节组织师生去教会坟地扫墓，圣诞节会表演耶稣降生的故事，组织提灯会，唱圣诞歌报佳音等。[41]每年的圣诞节是各教会中学一年中颇为热闹的一天，学校组织圣诗团、圣歌咏队演出，表演圣诞剧、唱圣诞歌曲等活动，不论是否基督徒都可以参加，其气氛兼具宗教色彩与娱乐色彩。如北平满女中每年的圣诞节都会放假，"师生共同活动，一派节日气氛。参加的人们各有心思，在这一天有的人会更坚定自己对耶稣基督的信仰，有的人会向'上帝'倾诉衷肠，而相当一部分人则是觉得新奇、有趣，对宗教意义却毫无考虑。"[42]节日后，基督徒教员还注重引导感兴趣学生继续深入基督教，组织他们参加退修会等，保持后续效果。而且基督教的节日在庆祝时，也常常为学生受洗。如天津的新学中学1930年则有19位学生在复活节的礼拜受洗。[43]即墨信义中学学生于1934年圣诞节领洗归主者，有男生3名，女生4人。[44]

38　《天津私立仰山究真学校报告书（1937年）》，天津市档案馆藏，档案号：401206800-J0252-1-003019。

39　Harold S. Matthews, *Seventy-five Years of the North China Mission,* Peking: Sheffield Print Shop, 1942, p. 162.

40　《华北基督教教育会中学宗教教育讨论报告》，《教育期刊》1931年第36期，第28页。

41　李瑞启：《北京私立崇德中学》，中国人民政治协商会议北京市委员会文史资料研究委员会编：《文史资料选编》第16辑，北京出版社，1983年，第153页。

42　李奥麟、蒋雯：《贝满女中》，北京市政协文史资料委员会编：《北京文史资料精选》东城卷，北京出版社，2006年，第197页。

43　伍英贞：《对于中学宗教教育现状之研究》，《教育期刊》1930年第35期，第7页。

44　子修：《即墨信义中学今学期宗教教育概况》，《鲁东信义会刊》1935年第3卷第5-6期，第22页。

周日的礼拜，为教会中学的常规活动，学生可自由参加，很多学生还在礼拜中的歌诗班内服务。当时因各地教堂与学校较近，学校礼拜参加者仍然较多，如据 1935-1936 年学年统计各校参加周日礼拜的学生人数，河北昌黎汇文中学高中部参加者有 71 人，占 75%，初中部有 165 人，占 63%；山东黄县崇实中学高中部有 44 人，占 89%，初中部有 120 人，占 91%。当然个别学校参加者较少，如北平崇慈女中高中部参加礼拜的学生有 45 人，占 38%，初中部学生有 45 人，占 25%；保定同仁中学高中部有 40 人，占 20%，初中部 72 人，占 10%。[45]在各校礼拜的具体活动上，育英学校星期日在美国公理会礼拜堂做礼拜，号召教师学生自愿参加。信徒做礼拜时都坐在椅子上，摘读《圣经》，唱圣诗歌，然后由主持人演讲。[46]北平崇实中学礼拜名目繁多，除了周日礼拜，还有特殊礼拜、母亲日礼拜、烛光礼拜、圣诞礼拜、耶稣受难礼拜、复活节礼拜等，另每周五上午有高中学生参加的英文礼拜，请校内教员或校外名人讲道。[47]但因部分礼拜仪式固定，宗教气氛较浓，学生们自己很少活动，所以兴趣也不甚浓厚。故华北公理会即建议对学校学生养成守礼拜习惯，应注重礼拜中的兴趣，举行特别秩序仪式的礼拜式，多使学生自己负责，引起学生守礼拜兴趣。[48]北平慕贞女中则由师生共同筹划周日礼拜程序，尽量丰富礼拜的形式使其活泼，以满足学生参加的兴趣。当然也有学校为让学生参加礼拜，也是想尽各种办法。如有少数北平教会学校"在每星期日上午不准学生出院，同时又停止运动和游戏，青年人的性情又是好动的，不得已都去教堂作礼拜去了。"[49]而且各校还注重对礼拜后学生的进一步辅导，以加深其宗教感悟。如河北遵化汇文中学更在主日礼拜后将试教与望道的学生在另室谈道，以期达到他们领洗作完全教友的程度，所以学生对于宗教异常深厚。[50]

教会中学内的青年会、基督徒团契等团体还组织各种朝会、主日学、祈祷会、勉励会等聚会吸引学生参加。每日早晨朝会或灵修是各校常举行的活动，

---

45 葛德基编：《基督教中学校第四届统计年报，1935-36》，中华基督教教育会，1936年，第 60-62 页，第 66-67 页。

46 王宝初：《北京育英学校》，北京市政协文史资料委员会选编：《杏坛忆旧》，北京出版社，2000 年，第 355-356 页。

47 《北京私立崇实中小学校一年概况报告书》，北京，1937 年，第 43-45 页。

48 严又浦：《董事部年会议决案》，《华北公理会月刊》1929 年第 3 卷第 5 期，第 29 页。

49 一鸣：《北平的教会学校》，《学校评论》1931 年第 1 卷第 3 期，第 58 页。

50 华北美以美会编刊：《华北美以美会四十二次年议会录》，天津，1934 年，第 404 页。

有时请名人演讲，或有唱诗，学生都需参加，教员轮流与学生讲些关于品德或宗教生活的讲演，以勉励学生的品格。如即墨信义中学在早晨的灵修，于每周三、五、六举行，早 7 时 45 分至 8 时半为灵修时间，在礼拜堂由职教员及学生轮流主领，学生自愿参加，人数每日多少不等。[51]主日学是教会学校在礼拜日的常规活动之一，其内容多是听圣经故事，学唱教会圣诗等，目的是培养学生对耶稣的崇拜。如山西汾阳的铭义中学的主日学，"因规定学生自由加入，但学生反而增加。开办后，每次学生，都是趋之若鹜，积极参加，作为义务领袖者，也更加有了兴趣"。[52]从学生参加主日学的数量看，各校程度不一，如 1933-34 年度，北平汇文中学主日学有 15 个班，250 名学生参加；昌黎汇文中学则只有 3 班，55 名学生参加。[53]在其他宗教活动上，山东潍县广文中学每周日上午有勉励会，常到会的有十余人，共同研究圣经，彼此督促勉励。每日早 6 点至 6 点半，有祈祷会。[54]该校还有晚祷会，每星期规定一个题目，使圣经知识由浅入深，所有问题印成请求书令大家研究，以经解经，并请教会牧师帮助学生查经解经。[55]而且各校还从学生兴趣出发拓展活动，如北平汇文中学每周二、周四宗教聚会，因学生缺少兴趣，故聚会人数不多。后该校聚会改变形式，不单有演讲，而且有音乐、歌诗、弹琴等以助兴，所以到会的人非常踊跃。[56]

在宗教课实行选修后，教会中学还经常组织各种查经班。学生在课外参加此类班，分成多个小组举行，共同研讨圣经，并请教师指导，这也是相当于圣经课的重要形式。如天津新学中学周日查经班，学生可随意加入。查经班则分不同内容，分三段，初中部主要讲演与解释，而高中部则讨论和解决问题。在参加人数上，1930 年该校有学生 482 人，其中五分之一加入查经班[57]。查经班

---

51 子修：《即墨信义中学今学期宗教教育概况》，《鲁东信义会刊》1935 年第 3 卷第 5-6 期，第 22 页。

52 冯健庵：《五运汾州基督教主日学校的再振》，《华北公理会月刊》1931 年第 5 卷第 6 期，第 24 页。

53 E.H.Cressy, "Religious Activities in Christian Middle Schools", *Educational Review*, Vol.27,No.1,January 1935, p.63.

54 于本善：《本校基督徒学生团体概况》，《广文校刊》1936 年第 2 期，第 7 页。

55 连警斋编：《郭显德牧师行传全集》，广学会，1937 年，第 584 页。

56 《华北基督教育会中学宗教教育讨论退修会议报告》，《教育期刊》1930 年第 35 期，第 21 页。

57 《华北基督教育会中学宗教教育讨论退修会议报告》，《教育期刊》1930 年第 35 期，第 28 页。

也是培养学生入教的主要手段。如北平崇德中学的查经班在经过半年学习《接收问答》，就可以被接收为"学道者"；再过半年学习，大部分就可受"洗礼"和"坚振礼"，成为正式基督徒。[58]因查经班多是由外国教师主持，很多学生参加查经班是为了增强英语口语，练习对话，并不是真正对基督教感兴趣。

为防止立案的教会学校阴奉阳违，当时教育部多次令各地教育部门严加督查立案教会学校是否遵守《私立学校规程》规定，如教育部1930年2月曾令各省教育厅调查教会中等以上学校是否不以宗教科目为必修课，是否强迫学生选修或参加宗教仪式，若发现上述问题，应随时取缔。[59]为此，教育部、各地教育厅还经常派出督学到各立案的教会中学进行检查，并督促改正违规事项。如1933年，教育部督学在检查英国浸礼会开办的山西太原尊德女校时，即发现"礼堂教室悬有七诫等宗教标语及圣像之类，科目有圣书科，上课时唱赞美诗，下课作祈祷"[60]，即要求该校立刻改正。但因教会学校的涉外性质，地方当局在落实有关限制宗教教育条款规定时，并未严格执行，这使得很多教会中学仍然可以变相间接地开展上述各种宗教教育活动。对立案前后教会学校宗教教育方法的变化，时人曾对当时北平教会学校的情况称："学校不能强迫学基督教后，只好将圣经改为宗教史，将圣诗亦改为唱歌了，课外则有英文讲经班、宗教讨论会等半强迫半引诱的团体并且用物质的、或荣誉的奖励，极力的去引诱青年学子。还有东城某有名教会学校的西人教英文以圣经为读本，还有许多宗教仪式上的仪节、习惯，他们亦都想许多巧妙的安抚来维护。"[61]

四、教会中学宗教教育的成效

教会中学在政府立案后，受到民众的认可，同时恰逢1929年世界经济危机，依靠西方差会拨款的教会学校经费出现困难，不得不以加大招生额来增收学费，加之当时教会学校学费高，基督徒学生很多进入其他公私立院校，而非基督徒学生进入教会学校者增多。[62]且来自基督徒家庭的学生也在减少，此种

---

58 李瑞启：《北京私立崇德中学》，中国人民政治协商会议北京市委员会文史资料研究委员会编：《文史资料选编》第16辑，第153页。

59 《训令：第129号》，《教育公报》1930年第2卷第7期，第23-24页。

60 戴夏、余森文合编：《教育部督学视察山西省教育报告》，南京，1933年，第78页。

61 一鸣：《北平的教会学校》，《学校评论》1931年第1卷第3期，第58页。

62 葛德基：《中国教会学校之现状》，《中华基督教会年鉴》第13期，中华全国基督教协进会，1936年，第68页。

情形自然使教会学校的宗教性质受到重大影响，世俗化倾向明显。如从华北教会中学情况看，各校学生中非基督徒已占大半，如 1930 年，"青岛崇德中学有基督徒 15 人，非基督徒 80 人；保定景仁中学，基督徒 26 人，非基督徒 58 人。"[63]再如 1934-1935 年度，山西太谷铭贤中学基督徒比例为 19%，太原尊德女校基督徒比例则为 23%[64]，信教的学生均属少数。这种情况对校内宗教教育开展，既是挑战也是机遇。学校立案后，校内的基督徒学生仍然多是坚守自己的信仰，坚持礼拜、聚会等宗教活动，而校内的各种宗教教育则更多的是对非基督教学生展开，希望以此吸引他们信教。有基督徒认为宗教教育上的受限对教会学校有害无益，"因为在选修制或随意制之下，凡参加宗教活动的学生，在他们的心理上，都有一种乐意的准备。他们求智的欲望必比较的恳切，而爱好的精神亦较为深切。同时一般不乐意加入的学生，学校既不强迫他们，必不发生厌弃或反对的态度了。"[65]

对于教会中学内的宗教活动，立案后的各校多从增进学生道德观念出发，遵循了自愿原则，并在宗教活动中特别注重向学生彰显基督教的精神。各校基本不再强制学生参加宗教活动，如贝满女中学生汪溪 1927-1933 年是非基督徒，她对当时校内宗教活动曾回忆称：在校六年，从没有老师或学伴向我传播宗教信念，更没有人来动员我入教。我自己对信教有点不大以为然的情绪，不大理解信教人的心思。[66]从学生参与度看，当时部分学校学生自愿参加宗教活动比例仍较高，如 1931 年时，北平慕贞女中每天上课前有十五分钟早祷，参加者 150 人左右，差不多占注册人数一半。[67]再如天津新学中学在 1934-35 学年，在初、高中的全部 430 名学生中，有 299 人参加查经班，占 70%。[68]当然亦有部分学校学生参加宗教仪式比例较低，如 1933-34 学年，北平贝满女中参

63　中华基督教会全国总会编刊：《中华基督教会全国总会第二届常会纪念册》，广州，1930 年，第 91 页。

64　*China Christian Educational Association Bulletin*,No.36,Shanghai,1935,p.31.

65　缪秋笙：《今后宗教教育应有的趋势》，《文社月刊》1929 年第 3 卷第 8 期，第 32 页。

66　汪溪：《已经过了半个世纪》，《166 中建校 120 周年纪念册》，北京，1984 年，第 16-17 页。

67　*Official Minutes of the North China Annual Conference of the Methodist Episcopal Church*,Peiping,1931.p.109.

68　L.M.S Annual Report from C.H.B Longman Station, Tientsin,1935,12. *Council for World Mission Archives*,North China,1866-1939, Box,No.11,1935,No.201, Switzerland: Inter Documentation Co., 1978.

加仪式比例仅有 15%，北平育英中学学生参加仪式比例有 8%，汾阳铭义中学学生参加仪式比例有 20%。[69]从以上也可看出，华北各地教会中学的宗教教育情况并不一致，这也与校方、学生的行动与选择相关。

华北各教会中学通过多样的宗教活动的开展，加之入学学生的增加，在校内基督徒已不占多数的形势下，仍吸引了部分学生入教。当时多数中学的学生基督徒数目都有所增长，如北平崇德学校师生中的基督徒，"1929 年为 44 人，1930 年为 56 人，到 1933 年增至 90 人"[70]；北平崇实中学的学生基督徒数则略有增长，从 1934 年秋季的 45 人增长到 1937 年春季的 52 人[71]；汾阳铭义中学的学生基督徒人数也"从 1931 年的 44 人，到 1933 年发展到 97 人"[72]。但也有少数学校的基督徒不增反减，如"1935 年，天津究真、仰山两校有学生646 人，信奉基督教的 139 人，到 1937 年，两校学生总数 645 人，但基督徒却只有 65 人，记名 4 人。"[73]值得注意的是，部分教会女校中的基督徒学生人数较为稳定，甚至基督徒比例一度超过非基督徒。如 1932 年，天津中西女中学生 212 人，基督徒 87 人，昌黎贵贞女中学生 317 人，基督徒 114 人，到 1935年时，天津中西女中学生 242 人，基督徒 125 人，昌黎贵贞女中学生 248 人，基督徒 139 人。[74]这种情况明显与男校的非基督徒占大多数有所不同，也在于"女校发达时即能吸引大多数从未听道之世家子女前来肄业，故学校当局对于基督教运动之事工乃有一番新进展"。[75]此外，教会学校开展的各种宗教活动，也促使了部分学校选修宗教科目学生的增多，如"北平慕贞女中 1932 年时选修宗教学生有 45 人，到 1935 年选修者已增加到 108 人。"[76]

当然教会中学的宗教教育在开展过程中，仍然面临政府限制、非基督徒学

---

69 葛德基：《督教中学最近统计》，《教育季刊》1934 年第 10 卷第 4 期，第 135-177 页。

70 北平崇德学校编刊：《崇德年刊》，北平，1933 年，第 61 页。

71 《北京私立崇实中小学校一年概况报告书》，北京，1937 年，第 48 页。

72 Elmer W.Galt, "Evangelistic Work: Persons and Projects", *Fenchow*, Vol.16,No.3, April 1933,p.12.

73 《天津私立究真仰山学校报告书（1935 年）》，天津市档案馆藏，档案号：401206800-J0252-1-003019。

74 *Report of North China Woman's Conference of the Methodist Episcopal Church*, Peiping ,1932,p.135; *Report of North China Woman's Conference of the Methodist Episcopal Church*, Peiping ,1935,p.62.

75 葛德基：《中国教会学校之现状》，《中华基督教会年鉴》第 13 期，第 72 页。

76 *China Christian Educational Association Bulletin*, No.32, Shanghai,1933,p.28; *China Christian Educational Association Bulletin*,No.36, Shanghai,1935,p.20.

生增多、基督徒教师缺乏等多重困难。特别是教会中学内的部分不信教的同学对宗教活动反感乃至抵制，如北平汇文中学的部分同学曾把美国美以美会亚斯理堂欢迎王明道布道大会招贴文告的讲题，涂改成极醒目的"毋忘鸦片战争，宗教就是鸦片"，全校轰动，搅得大会黯然失色。[77]有些教会中学还缺乏专门的宗教教育人员，部分学校与教会间的关系不如之前紧密，学生的课程过多导致无暇顾及宗教等，这些因素也不利于校内宗教教育的进行。而且参加宗教活动的很多非基督徒学生对基督教的理解仍停留在表面，如曾是贝满女中1938届学生蒋丽金对当时参加查经班回忆称："圣经的故事只当作是神话，很少人认真和自己的人生哲学联系在一起。"[78]在学生自愿参加宗教活动的前提下，"基督徒与非基督徒之间都是普通同学关系，彼此不一定相通，各有各的思想天地，也不要求互相理解，反而互相是极为尊重和友好的。这样，学校里的宗教活动虽然一直延续，但已经没有当初的影响了。"[79]由于教会学校中非基督徒学生增加，当学生在学校中受到宗教气氛熏陶，意图加入教会时，也受到非教徒的学生父母的阻挠。如1932年时，山东烟台益文商专某学生因意图加入教会，遭到父亲强烈反对，甚至停止为其缴纳学费，后由他朋友为其代缴学费才得以维持。[80]

教会中学在政府立案后，由于各校教会背景不一，学校领导的教育理念不一，加之学校宗教教育设施、师资的不同，或者地方政府管理严格程度差异，导致各校在宗教教育的举措上也大不相同。有的教会中学注重宗教教育的形式如读经、礼拜等，有的学校则注重宗教教育的内涵，注重基督化人格养成。从地区差异看，河北、山西的教会中学在立案后的宗教教育开展形式多样，而且各校越来越注重转换教育方法，如有教外人士曾指出："近来教会学校的宗教教育，由呆板的强迫的宗教底灌输，而转换为巧妙的，熏陶渐染的，使人心甘情愿的慢性麻醉……而诱致的温和方策，不惟使人心悦诚服地受其麻醉，而且还能使信者灵性奋发，努力为基督教服务。"[81]但山东地方当局对教会中学

---

77 王振乾：《百十周年庆汇文》，北京市政协文史资料委员会选编：《杏坛忆旧》，第292页。
78 蒋丽金：《母校在我心中，永远亲切清晰》，《166中建校120周年纪念册》，北京，1984年，第22页。
79 李奂麟、蒋雯：《贝满女中》，第197页。
80 "Conversions in Shantung", *The Missionary Review of the World*, Vol.55, No.10, October, 1932,p.560.
81 宜：《教会学校的宗教教育》，《清华周刊》1930年第10期，第100-101页。

管理相对较严，而且"山东情形较为复杂，民情亦比较顽固，故宗教教育设施，仍依旧法举行者为多"[82]。从华北地区的教会中学与广东、浙江、华西等其他地区的中学比较看，无论开设的宗教选修课程还是课外的宗教活动，其内容可谓大同小异，但各校都从当地实际出发开展了一些较有特色的宗教课程或课外活动。[83]

华北的教会中学在政府立案后，在学校宗教教育受限且世俗化倾向增强的情况下，宗教教育实施上被迫从以课程为中心转到以人格为中心，本着学生自愿的原则，不再单纯的依靠课堂与礼拜堂，而是从学生实际需要出发，试图将基督教要旨、精神贯穿到学生生活的各个方面。此时期的教会中学宗教教育由直接灌输基督教改为间接的人格感化，因地制宜地调适宗教教育的方式，取得了一定的成效，但不同地区、中学在宗教教育开展上则有在地教育的差异。虽然教会中学内宗教课程减少，但传教士及基督徒教师在教会学校的教学与管理中还处于重要位置，加之校内各种宗教团体的丰富活动，这使得教会学校仍有较强的宗教氛围。基督教的礼仪特别是其提倡的自由、民主、牺牲、服务及博爱的精神必然对学生的生活方式及以后的为人处事起到了潜移默化的影响作用，对青年学生人生观、价值观与世界观的培养而言，这是远比加入基督教更大的收获。

与在华教会中学初衷相违背的是，学生虽然受到了基督精神的影响，但大多数的学生的宗教观念淡薄，真正加入基督教者仍是少数。多数非基督徒学生对各种宗教活动及基督教义的兴趣不大，其进入教会学校的目的，更多的是受其优质的教学质量所吸引。在 1930 年代，随着日本侵华的加剧，教会学校学生的民族主义情绪高涨，基督教传播的教义与神学观已经不能满足学生现实的急切需求，而且学生也因受繁重学业及中国各类现实问题所困扰，有忽视内部宗教生活的倾向，这些因素都不利于基督教在学生中的传播。特别是在华教会学校宗教教育最初依靠外力传播且缺乏存在的深厚历史底蕴，加之中国政府的不断限制，逐步式微也是历史的必然。

---

82 中华基督教教育会编刊：《中华基督教教育会第十三届年会记录》，上海，1931 年，第 7 页。

83 关于广东、浙江、华西教会中学宗教教育开展情况，具体可参见鲍静静：《立案前后广东教会中学宗教教育策略的改变》、张美平：《民国浙江教会中学的宗教教育及当下启示》及龙伟、吴丽君：《立案前后：华西地区基督教会中学研究》等文章的叙述，均载于尹文涓编：《基督教与中国近代中等教育》（上海人民出版社，2007 年）。

第十三章　身体拯救与灵魂救赎：从英国浸礼会看近代基督教在华医疗事业

　　鸦片战争以来，西风东渐，以西方传教士为引导的近代西医制度也传入华夏大地，西式教会诊所、医院迅速遍及全国，也给中国传统的中医制度带来强烈冲击。目前学界对于基督教会医疗事业已有所关注，但多是整体宏观考察或是教会医院的个案研究，以具体差会的医疗事业为对象的研究仍十分欠缺。本章拟以英国浸礼会在华医疗事业为研究对象，分析教会医疗事业在中西医碰撞的背景下对地方社会带来的影响与民众的反应，及在此过程中教会所面临的"疗灵"与"疗身"的两难处境。

　　英国浸礼会属于基督教浸礼宗，1792 年成立后，积极向海外宣教。鸦片战争后的 1845 年，英国浸礼会始来浙江宁波活动，后因教务发展缓慢而退出。1859 年，英国浸礼会又派传教士来山东传教，后又于 1877 年、1891 年在山西、陕西开辟传教区，成为近代来华较为典型的英国新教差会之一。教会医疗工作，与推广教育、慈善工作，并称为教会三大最有效布道方法，受到来华传教士的推崇，无一例外成为新教差会来华后必不可少的传教方式。英国浸礼会来华后，也在活动地区相继建立了诊所、医院，并开设了医学堂、护士学校，形成了一套完整的医疗事业体系。

第一节　教会诊所及医院的开办

　　近代中国，普通民众缺医少药，民众看病难问题是普遍的社会现象。中国传统的中医虽历史悠久，但多是延用已久的土方法，医疗器具落后，已无法满足病人需求。传教士来华所创办的医疗事业，正好满足备受病魔折磨而无助的中国百姓的需求，百姓的疾病得到救治，因此改变对教会的态度进而信教。当时在青州府传教的仲钧安（A.G.Jones）在呼吁总会派遣医学传教士时即说："教会医疗事业是最好的助手，它可以帮助去除中国人的偏见与敌意，打开他们的心灵之窗，进而彰显基督教的能力与精神。"[1]当然，传教士也有自身考虑，早期来华传教士因水土环境等问题，经常生病，这就需要专职医生与诊所医院的建立。

英国浸礼会来华后，目睹中国医疗技术落后，普通民众得病因贫穷而得不到有效治疗的局面，大力推行医疗慈善事业。英国浸礼会的医学工作，自初入山东烟台时开始。当时传教士初入山东，面对陌生的生活环境，极易感染得病，早期来华传教士大多懂些医学知识并带有西药，同时也为当地人看病。浸礼会第一个医学传教士是 1870 年来烟台的布郎（William Brown），其医术娴熟，很快掌握了简单中文，并迅即开始了医疗工作，开办小型诊所。[2]随着教务发展，浸礼会传教士开始在驻扎地方购买或租赁民房，简易修改为小型诊所门诊，配有简单的医疗器械，医生多由传教士兼任。偶有较大的院落找出几间供病人居住，称为住院部。既不供给饭食，也没有护理工作，由患者家属在院内另起炉灶。待资金充足，则开始兴建大规模的医院。相对于正规化医院花费高昂，建立简易诊所是浸礼会来华初期比较普遍的一种形式，几乎在浸礼会传教活动区域都有诊所的成立，后逐渐发展为规范化医院。在山东传教区，浸礼会于 1882 年、1889 年相继在青州、邹平地区建立的诊所，后来发展为广德医院、施医院等专业大型医院。1898 年时，"邹平施医院门诊男病人 8077 人，女病人5832 人，住院男病人 81 人，女病人 23 人。"[3]陕西浸礼会则于 1898 年在西安开设了诊所，后于 1900 年发展为英华医院，有病床 30 张[4]。在中国由于传统道德影响，男女授受不亲，对于女性病人，大多都是由传教士妻子为之诊治，当时青州广德医院还设有专门的妇女接诊日，由医学传教士武成献（J. R. Waston）

---

1 *Baptist Missionary Work in North China*, Shanghai: Kelly & Walsh Limited,1886,p.12.

2 R.C.Forsyth, *Shantung ,the Sacred Province of China in Some of Its Aspect* , Shanghai: Christian Literature Society,1912, p.264.

3 *One Hundred and Sixth Annual Report of the Baptists Missionary Society*, London: The Mission House,1898, p.222.

4 R.C.Forsyth, *Shantung, the Sacred Province of China in Some of Its Aspect* ,Shanghai: Christian Literature Society,1912,p.85.

的夫人看病。1893 年起，浸礼会女布道会开始派出了大批女传教士来华[5]，掌握一定医学知识，这也为妇女看病提供了便利。

义和团运动的爆发，给在华基督教会带来严重教会损失，但也为教会医院发展提供了契机。同时，1901 年，英国浸礼会医疗事务协会在伦敦成立，成为浸礼会医学工作发展重要转折点，从此浸礼会有了专门机构推动医学福音传播工作。英国浸礼会国内委员会把"通过医药工作在专业上尽量卓有成效，以成为有力的传道机构"作为既定的政策。[6]为了达到这一目标，他们开始制定计划，建造合乎要求的医院，提供较好的设备，寻找既受过高等教育也具备必要的灵性方面条件的医生与护士。而传教士也极其严肃认真的在各方面贯彻此项政策。基督教会在战后获得了庚子赔款的充实赔偿，为了消除中国人对洋人的抵制情绪，转而兴建慈善医院事业。1900 年，陕西浸礼会将在西安开办诊所扩建为英华医院，后发展为著名的广仁医院。山西传教士叶守真（E. H.Edwards）当时即通过庚子赔款于 1906 年在太原重建了太原耶稣教男、女医院，后发展为著名的博爱男、女医院。此外，浸礼会于 1903 年还在山西代州开设了教会男医院，在忻州则设立了诊所。同年，山东浸礼会在北镇开设诊所，后发展为著名的鸿济医院。1905 年，"浸礼会在华医院住院病人数 33 人，出诊人数为 20041 人。"[7]

闻名全国的齐鲁大学的医学教育，更与英国浸礼会密切相关。在美国长老会与英国浸礼会 1902 年达成联合办学协议后，英国浸礼会出资相继于 1911 年、1915 年在济南南关建成了山东共合医道学堂医学大讲堂与共合医院养病楼，后成为齐鲁大学医学院及医院。1917 年齐鲁大学成立后，浸礼会的巴慕德（Harold Balme）出任共合医院院长，惠恩普（E.R.Wheeler）、应乐仁（L. M. Ingle）等浸礼会传教士在医院工作。

辛亥革命前夕，1911 年，浸礼会在中国"有 15 名精湛的男、女医生，4 名训练有素的护士，7 所医院。"[8]1914 年，第一次世界大战爆发，各方交战持续 4 年，浸礼会在华西医士和护士大多回国述职，教会医疗颇受影响。1915

5 R.C.Forsyth, *Shantung ,the Sacred Province of China in Some of Its Aspect* , Shanghai: Christian Literature Society,1912, p.269.

6 H.R.Williamson, *British Baptists in China,1845-1952,*London:The Carey Kingsgate Press Limited,p.239.

7 H.R.Williamson, *British Baptists In China,1845-1952,*London:The Carey Kingsgate Press Limited,1957,p.246.

8 E.H.Edwards, *China Missions And The BMS*, London: The Carey Press,p.46.

年，周村复育医院建成，病床 80 张。[9]而在妇女医疗事业方面，除了青州广德医院的女院部外，英国浸礼会在周村、济南、太原、西安等地的教会医院也设有专门的女住院部及门诊部，为女性病人看病。据 1917 年统计，当时"周村复育医院病床 54 张，门诊女病人 5241 人；西安广仁医院当时病床 74 张，接待女病人 5024 人；太原博爱女医院病床有 34 张，门诊病人 854 人。"[10]

一战结束后，医学传教士陆续返华，工作逐步开展。1920 年，"浸礼会在华开有 4 处诊所，9 处医院（含 1 所女医院），13 名外国医生，8 名中国医生，其中诊所接待病人 47574 人，住院 1454 人。"[11]后又因 1929 年世界性经济危机，迫使差会减少在华的传教津贴，招聘医生在华服务更感困难。英国浸礼会在山东医疗事业在 1925 年最盛时，"在浸礼会医院中有 14 名英国大夫，7 名中国医生及 10 名英籍护士。但 40 年代末，就仅有 2 名医生在山东了。"[12]纵观浸礼会在三省医疗情况，随着 1901 年浸礼会对医学传教的重视，各浸礼医院在设备、医生及护士学校等方面都具有雄厚的实力，与其他差会医院相比在当时中国可谓先进。为向国外宣传，便于募捐，多数医院在设备方面也具有相当水平，对于环境卫生亦颇有研究，一般安装有自来水与电灯。浸礼会在华医院，全部是英国进口设备，技术先进，管理一流。特别是，各医院配有设备手术台、显微镜、X 光机。医院内随着手术而添置高温消毒普通锅炉、蒸气锅、高压锅，及自动消毒设备，在当时中国都处于领先地位。据《中华归主》1920 年统计，当时对浸礼会的 6 所医院作了调查，其中"病人入院时全部必须洗澡的医院 4 所，不洗澡 2 所，有充分设备的手术室医院 2 所，有气压消毒的医院 5 所，有适当外科器械储备医院 2 所，能消毒病房的用具的医院 5 所，能消毒病房绷带的医院 3 所，能消毒褥子的医院 1 所，每日正常使用化验室设备的医院 1 所，不能与门诊部病人进行仔细检查的医院 2 所，有外科换药室的医院 5 所，一半以上经费可以自给的医院 1 所，完全依靠外国经费的医院 5 所，平均

9 J.P.Bruce, "Baptist Missionary Society", *The China Mission Year Book*, Shanghai: The Christian Literature Society for China ,1916,p.70.

10 *Jubilee 1867-1917:Fifty Years' Work among Women in the Far East*, London: The Carey Press,1917.p.47.

11 Dan Cui, *The Cultural Contribution of British Protestant Missionaries and British-American Cooperation to China's National Development during the 1920s*, NewYork : University Press of America,1998,pp.47-51.

12 H. R. Williamson, *British Baptists in China,1845-1952*,London:The Carey Kingsgate Press Limited,p.245.

常年预算 9900 元。"[13]由此看出，虽然浸礼会在华各医院情况不一，但已经都具备了现代化医院的设施装备，这也为良好优质的医疗服务提供了保证。浸礼会医院突破了传统中医的弊病，而是采取专业化的分科治疗，分内科、外科、眼科、产科等分工，并为病人制作病历，全面采取了现代化的西医诊疗模式。

20 世纪 20 年代中期，随着非基督教运动兴起，教会事业受到冲击，但医院业务仍然日臻繁忙。"1925 年，浸礼会在华所开办的医院诊所中，住院病人8243 人，门诊病人则达到 106992 人，手术 9155 次。"[14]30 年代前后，中国教会要求教会医院迅速本土化、中国化，移交医院管理责权，在教会医院内部逐渐形成医院自给自立运动，医院领导权的交接势在必行。虽然浸礼会在华各医院相继由中国人出任院长，但实权还控制在教会手中，继续维持医院运营。各教会医院也改善提高医疗服务，"当时太原博爱医院除每礼拜二五挂号求医者甚众外，住院者恒以百数计。"[15]1935 年，"浸礼会在华开办有 5 所医院，2 处诊所，住院病人 6104 人，门诊病人 194900 人，手术 5631 次。"[16]考虑到普通民众看病不便，浸礼会医院医生也经常出诊为病人诊治，如太原博爱医院常去忻州教区看病，"每次挂号者约三四十名。[17]麻疯病在近代中国被看做不治之症，人人闻之色变，患病者常被抛弃隔离，等待死亡。1936 年 11 月 10 日，浸礼会募捐筹建了青州麻疯疗养院[18]，收容益都、临朐两县基督教徒及其家属中的麻疯病患者，以减轻病人的痛苦和对社会的不良影响。医疗业务由广德医院负担，因无专职人员及女病房，对病人日常护理相对较差，且住院者全为男患者。"1936 年，青州麻疯病医院住院人数 21 人，门诊人数 51 人。"[19]

13　中华续行委办会调查特委会编纂，蔡咏春等译：《中华归主——中国基督教事业统计（1901-1920）》，中国社会科学出版社，1987 年，第 969 页。

14　*One Hundred and Thirty-Third Annual Report of the Baptists Missionary Society*, London: The Mission House,1925, p.181.

15　李湧泉：《山西浸礼会》，《中华基督教会年鉴》第 11 期，中华全国基督教协进会，1931 年，第 43 页。

16　*One Hundred and Forty-Third Annual Report of the Baptists Missionary Society*, London: The Mission House,1935, p.129.

17　中华基督教会全国总会：《中华基督教会全国总会第四届总议会议录》，青岛，1937年，第 96 页。

18　《青州麻疯疗养院正式开幕》，《麻疯季刊》1936 年第 10 卷第 4 期，第 56 页。

19　中华全国基督教协进会：《中华基督教会年鉴》第 13 期，上海，1936 年，第 378页。

近代中国医疗条件落后，急需医学人才。浸礼会传教士来华后，发现只靠自己力量远无法满足中国病人的需求，开始有意识培养中国学生学医。医学教育最初仅是医术学徒的形式，中国助手在诊所帮忙，及后在一些传教医生的锐意经营下，一面翻译医学书籍、一面订定课程内容，在山东、山西及陕西三区医院都逐渐建立起有规制的医学教育。值得注意的是，在义和团运动之前，浸礼会多是兴建的医院附设医学堂。而在义和团运动之后，浸礼会对医学教育越加重视，建立起专门的医学学校，而此时医院则成了医学学校的附属机构。以山东教区为例，当时在山东烟台传教的布朗，在开设诊所的同时，即培训了 4 名中国医务人员，给他们西洋医药教育训练，帮助照料新建的诊所。"其中有位李姓学徒，受过训练后，就到距离登州不远的黄县城开设西医诊所。"[20]1885 年，武成献在青州建立了施医院，并附设医学堂培养学生。1892 年，浸礼会又扩建为青州广德医院，同时成立青州医学堂，由武成献负责教学。"青州医学堂的办学宗旨是对青年人在独有一格的基督教的影响下进行教育，造就训练有素的医生，医学堂当年招生 14 人。"[21]根据英国浸礼会与美国北长老会联合组建山东基督教大学的协议，浸礼会借助阿斯辛顿基金赞助建设山东共合医道学堂，1910 年正式开始招生。1921 年，太原博爱男院亦举办了医训班，对学员经过教培充当医生，半工半读，但坚持完成学业者寥寥无几。直到 1926 年春，才又正式招生办学，这一班约有 10 人，开设各类医学课程，学制四年，在抗战爆发前曾陆续招生。"他们毕业后，多数当了抗战第二战区的军医。太原附医院成立 10 几年里，毕业的医生有 50 多人。"[22]

英国浸礼会在华医院建立后，随着看病住院人增多，需要大批的护理人员。在当时中国社会，受三从四德等传统约束，女人当护士被看作大逆不道之事。当时，传教士多从基督徒家庭中劝说女孩当护士，或者招收男生作为护士，开风气之先。由于医院工作量的加大，传教士发现护士越来越重要，一般都在医院附设有护士学校，以培养护士。1909 年，罗秀兰作为山东第一位女护士来华，在青州开创护士学校，后赴济南工作。1914 年，"山东共合医道学堂于

20 Statistics of the Shantung Protestant Missions, The *Chinese Recorder and Missionary Journal*, October 1877,p.382.

21 *The101st Annual Report of the Baptists Missionary Society*, London: The Mission House ,1893,p.41.

22 杨明文：《山西最早的一所医院》，《山西文史资料全编》第 84 辑，中国文史资料出版社，1995 年，第 766 页。

医院内附设护士班，由罗秀兰（M.Logan）主持，当年招生 12 名。"[23] 1915 年，共合医道学堂附设看护养成学校正式成立，学制四年，以培养护理人才，后成为齐鲁大学医学院附属护士学校。此外，英国浸礼会于 1914 年、1929 年在太原、西安相继创设护士训练班与护士学校，招收女子进行护理教育，毕业后进入各大医院工作。如西安护士学校 1929 年由浸礼会女传教士瓦克（Miss Walker）成立[24]，1932 年在中华护士学会注册，开办二十年，"毕业了陕、豫、晋、鲁、苏、皖、甘、冀和辽宁籍的学生近二百名。"[25]1924 年，太原的护士训练班改称为私立太原基督教博爱医院高级护士职业学校。"护士学校学术成绩亦甚优良，每年护士公会考中者恒 10 余人。"[26]浸礼会当时在中国开创的护理教育，不仅培养大批护士走上护理岗位，而且也对当时妇女的解放有积极影响。

抗日战争全面爆发后，浸礼会在华医疗事业受到重创，各地医院饱受战火摧残。抗战初期，济南、周村、青州的医院仍正常工作，医治大量伤员与病人。太原博爱医院在 1937 年日军攻占太原过程中，医疗设施损失严重。而在陕西的广仁医院则于 1938 年遭受日军轰炸，炸毁了大手术室、化验室及放射科的部分房屋和医疗设备，一度被迫搬迁。1941 年，浸礼会在华仍开办有 6 处医院及 1 处诊所，住院病人 2500 人，门诊病人 80000 人。"[27]但当太平洋战争爆发后，浸礼会医院大多被日军占领接收。1945 年初，"浸礼会在华仅有 4 名外国医生，1 处医院及诊所，住院病人有 1570 人，门诊病人 124597 人。"[28]抗战胜利后，又逢国共内战，浸礼会开办教会医院在艰难中运营维持。1948 年，西安广仁医院由东关迁回城内原址，门诊病人每日超过一千人，另在三原建立分院，每日平均门诊病人在五十至六十之多。[29]1949 年初，"浸礼会在华仍有 8

23　《山东大学齐鲁医院志》编纂委员会编纂：《山东大学齐鲁医院志 山东医科大学附属医院志（1890-2000）》，山东大学出版社，2000 年，第 81 页。

24　W S. Flowers, *B.M.S Medical Work in China*, London: Baptist Missionary Society, 1946, p.18.

25　盛履谦：《广仁医院概况》，西安市新政区政协文史资料委员会：《新城文史资料》第 1 辑，1986 年，第 48 页。

26　李涌泉：《山西浸礼会》，《中华基督教会年鉴》第 11 期，中华全国基督教协进会，1931 年，第 43 页。

27　*One Hundred and Fiftieth Annual Report of the Baptists Missionary Society,* London: The Mission House,1942, p.8.

28　*One Hundred and Fifty-Third Annual Report of the Baptists Missionary Society,* London: The Mission House,1945, p.11.

29　中华基督教会全国总会：《中华基督教会全国总会第五届总议会议录》，苏州，1948 年，第 120 页。

名英国医生，5 名英国护士，开办医院的住院病人有 2242 人，门诊病人则有171904 人。"[30]新中国成立后,浸礼会开办医院被收归国有,改为政府公立医院。如西安广仁医院于 1952 年被政府接收后,发展为著名的西安市第四人民医院,太原博爱医院则成为太原市立医院。

第二节　教会医疗事业中的慈善实践

医疗慈善在新教差会来华传教初期曾被当作"福音的婢女",通过医药为先导,免费为民众看病,从而减少误解,引导病人信仰基督,是传教的有效手段。诚如浸礼会医学传教士武成献所言:"在中国医学传教工作如此重要的根本原因或许在于基督王国的律法——上帝的箴言为生命的仁慈所伴随、诠释与赞美。更为重要的是,医学仁慈是最需要的也是最不可能被辱骂的形式。"[31]早期浸礼会医学传教工作多是医教合一,医学传教士对贫穷的病人进行免费医疗救助,彰显了基督教的博爱奉献精神,带有浓重的人道主义色彩。

来华初期的浸礼会传教士,大多掌握一定的医学知识,在乡村旅行布道时常携带部分药品,为民众看病施药。当时浸礼会在山东、山西、陕西等活动地均开设了诊所,对贫苦民众给予免费医疗救济,施医散药,带有慈善性质。后随着浸礼会教务发展及英国总部对医药工作的重视,浸会开设的诊所发展为正规化的医院。浸礼会创设的早期医院多不收费,或"除收病人号费,全归西差会担负。"[32]这一方面源于基督教慈善事业的性质,另一方面,从当时社会的现实来看,大量的中国病人生活困苦,加之天灾人祸及沉重赋税,他们根本付不起看病的费用,故这也是招揽病人的良策,在很大程度上加强了教会医院对民众的吸引力。然而医药工作本身就是花费甚巨的一项事业,如果教会医院完全免费,则会因经费紧张而停办,但如果收费的话,则会导致很多穷人看不起病,有违教会医院的初衷。武成献则认为:"不要对病人明确收费。在中国我们是医学传教士,而不仅仅是医生。因此我们的首要目标不是看能从中国人

---

30 *One Hundred and Fifty-Seventh Annual Report of the Baptists Missionary Society*, London: The Mission House,1949, p.11.

31 *Records of the First Shantung Missionary Conference at Ching-Chow fu,1893*, Shanghai: The Presbyterian Mission Press,1894,p.110.

32 张近衡:《山西浸礼会之经过及现状》,《总会公报》1933 年第 5 卷第 1 期,第 1188页。

那里得到多少，而是我们能给他们带来多大好处。"[33]当时青州的广德医院曾请求病人资助，并把资助者的姓名及数额在门诊部墙上明显的地方公布。

第一次世界大战之后，经受战乱的英国国内差会经费减少，而当时中国医疗水平落后，教会医院的药品、设备全从英国进口。同时，中外医生、护士的薪水等日常支出，教会医院资金不足的情况越来越严重，浸礼会总部只供给英籍医师的薪津及药械支出，浸礼会的教会医院开始不得不实行收费制度。根据浸礼会报告统计，1920 年浸礼会在华医疗事业收支中，"总部提供 4222 英镑，医院收费 3788 英镑，教徒捐献 94 英镑。"[34]当时西安广仁医院虽不时尚有各界捐助，但为数甚微，只能维持日常开支，1920 年医院不得不开始实行收费制度。但在收费制度下，对高级私人病房实行较高费用，对一般病人则实行低收费，对贫困病人则可能免费，维持其慈善性质。尤其在 1929 年世界经济危机后，英国浸礼会总部给予在华教会经费进一步减少，浸礼会在华医院很多难以为继，不得不增收费用以满足医院所需。当时浸礼会医院实行对富人多收费，对穷人免收或少收费，如齐鲁大学医院 1935 年规定，"除特别室（头等、二等病床房间）外，所收之费不足病人所消费的三分之一，且有贫穷病人分文不收者约占全数病人的 2-3％，故需每年从齐鲁大学医学院取得补贴，方敷支出。"[35]

近代中国医疗卫生设备极其简陋，传染病时常流行，民众饱受其苦。教会医院对贫苦民众多以免费治疗，在防治疾病传播、减轻民众疼痛方面的确作出了贡献。虽然教会医院数量及诊治人群有限，但对当时缺病少药民众的来说，已经是雪中送炭。浸礼会传教士除了在医院救助病人外，每当灾荒、战乱及瘟疫发生后，还本着救死扶伤的宗旨开展社会医疗服务。浸礼会传教士夏礼（C. J. Hall）1861 年到烟台后，发现那里正流行霍乱，由于他懂得一些医学知识，就开始为病人治疗防治霍乱。但可惜的是，夏礼也感染霍乱而去世。1911 年辛亥革命爆发后，陕西战事激烈。浸礼会的罗伯森（Cecil Robertson）医生和荣安居（Andrew Young）医生因战事需要分别奔赴东、西战场，在那各自设立临时救护站，给予伤兵适时的医护，挽救了不少人的性命。由于浸礼会在医院

33　郑树平主编：《跨越百年时空——山东省益都卫生学校 120 年校庆文集》，山东大学出版社，2005 年，第 41 页。

34　Dan Cui, *The Cultural Contribution of British Protestant Missionaries and British-American Cooperation to China's National Development during the 1920s*, NewYork: University Press of America,1998,p.70.

35　《山东大学齐鲁医院志》编纂委员会编纂：《山东大学齐鲁医院志 山东医科大学附属医院志（1890-2000）》，山东大学出版社，2000 年，第 79 页。

方面的独特优势，越来越受到军政府的重视，西安英华医院也就暂时由教会医院变成了"军事医院"，"除了每日至少 600 病人来求医外，住院病人有 130 余人。"[36]同时，针对大量伤员无处容身的状况，浸礼会在短期内先后开设 5 所战地临时分院，尽最大力度收留治疗伤员。"整个陕西战事期间，有两千到三千名伤员在西安广仁医院住院接受治疗，战地医院治疗的伤员更是不计其数。"[37]战事期间，陕西浸礼会医生"尽力为革命伤兵服务，颇受军政府之欢迎"[38]，罗伯森更是因染病去世。陕西军政府为表达感谢，特别捐地四十亩为医院扩建之用，浸礼会于 1916 年建成了广仁医院。同年，"青州传教士武成献因在瘟疫防治中贡献卓越，还被中华民国授予六等嘉禾勋章"[39]，这也体现了政府对教会医疗事业的认可。1918 年，山西地区肺炎流行，传播极快，疫情严重。山西浸礼会传教士司徒礼克（H.T. Stonelake）、恩德顺（S. H. Smith）等同部分美国传教士赴疫区考察疫情，在四个月时间内，投入医疗力量，防治肺炎，救助病人。[40]1928-1930 年陕西灾荒发生时，瘟疫流行，浸礼会广仁医院也派出医生救治病人，有效防治了疫病的扩散。

西医传教士在为民众治疗疾病的同时，还会对疾病的预防和改变民间不健康的陋习进行大量的宣传工作。英国浸礼会在济南广智院曾与齐大医学院合作，"建立公共卫生宣传区，参观人群达 450 万人以上。他们用各式各样的表格、模型及实例说明，向公众展示出在中国疾病蔓延的原因，用确切可信的统计数字，来说明预防传染病的重要意义。"[41]1930 年，广智院又与齐鲁大学医学院合作举办了卫生事业展览会，邀请齐大医科师生进行卫生知识讲说，展览西方卫生图片与模型。"在 8 天对公众开放时间内参观者达到 4 万人，而在单独对学生开放的 3 天中，前后有 7 千名学生参观。"[42]浸礼会除了专门设立的教会女医院外，还帮助妇女改变不良的生活习惯，提高妇女的卫生意识，在妇女学道班上介绍现代卫生知识，引导教会妇女形成勤洗澡、及时清扫家庭等

36 冯绍荣等编：《中华浸会百周年纪念报告书》，广州，1936 年，第 164 页。

37 F.B.Myer, Memorials of Cecil Robertson of Sianfu, London: The Carey Press,1916,p.75.

38 王云白：《陕西浸礼会的过去及现在》，《总会公报》1933 年第 5 卷第 1 期，第 1191 页。

39 Medical News, The British Medical Journal, June 24, 1916, p.903.

40 山西省史志研究院编：《山西通志》民族宗教志，中华书局，1997 年，第 500 页。

41 Harold Balme, China and Modern Medicine: A Study in Medical Missionary Development, London: The Carey Kingsgate Press,1921, p.21.

42 Shantung Christian University Bulletin,No.75,1929-30,p.38 Shantung Christian University, Archives of the United Board For Christian Higher Education in Asia ,Roll 263, Yale Divinity School Library,1982.

现代卫生习惯。因当时中国妇女生育频繁，身心饱受痛苦，浸礼会女教士还向当地妇女宣传介绍生理与节育知识，并鼓励妇女在教会医院采用西式接生，极有利于妇女身心健康，有的妇女甚至还实行了避孕。这些都大大有助于卫生状况及民风的改善，对于提高当地民众的健康水平，促进地方社会健康文明进步有积极作用。诚然，西医传教士对中国近代卫生事业的起步和发展倾其所力，奉献良多，在一定程度上改变了贫困落后地区的传统生活方式。但在当时广大的中国，公共卫生事业仍是显效甚微且举步维艰，这也清晰地折射出中国近代化过程的缩影。

第三节　教会医疗事业中的福音传播

传教士来华后，发现直接的布道收效甚微，而教会医疗却是扩展传教的有力手段。在教会医院求诊治的病人，通常都会因身体的病痛，影响到心理的健康，心灵上特别显得脆弱无比，需要安慰，此时信仰基督教的医学传教士，便能在诊治过程中，传播福音，成为布道的重要工具。

在浸礼会传教士早期乡下医疗巡回布道时，即有布道员向受医者传播福音。如在山东烟台时，布朗在与李提摩太乡村布道期间，为民众进行免费看病治疗，李提摩太则借机宣讲福音。1888 年，山东中部一带自然灾害严重，疾病流行，人畜大量死亡。浸礼会传教士武成献、仲钧安（A. G. Jones）等到青州、博山一带救济灾民病人，发放铜钱及药品[43]，借机传教。教会医院成立后，也带有浓重的宗教色彩。医院在每日门诊前，先由传教士宣讲教义，劝诱病人信教，然后开始挂号。医院的病房更是宗教气氛浓厚，大多悬挂基督教图片、教义，还有专门的布道人员，对病房中病人布道。浸礼会医院对病人的良好照料及特殊疗效，加之布道员的富有感召力的宣传，随着病人痊愈，便对医院与基督教产生好感，遂乐意接受而皈依，实现了教会的主观愿望。"曾有一名病人失明，去广仁医院诊治，经过医生手术恢复视力后，非常感激耶稣的奇迹而信教。而他的事例也在民众中流传，对教会医院也逐步认可。"[44]

鉴于妇女在家庭信教中的重要作用，浸礼会开展的妇女医疗工作也带有传播福音的功能。1889 年山东灾荒期间，"林惠生（S. B. Drake）夫人等对灾

43　*Report by English Baptists Mission, Shantung*, London: Kelly& Walsh Limited,1890,p.4.
44　W S. Flowers, *B.M.S Medical Work in China*, London: Baptist Missionary Society,1946, p.17.

民免费发放药品与救济品，吸引了众多妇女前来领取，分发一些普通药品对于在妇女中建立查经班大有助益。"[45]在山东浸礼会传教区内，时常有女布道员分发药品，妇女志愿人员则探访病人，与她们谈论信仰问题，分发宗教小册子。在浸礼会开办的妇女医院，也是布道的重要场所，医院都有专门的妇女布道员对女病人进行布道。据 1931 年浸礼会年度报告记载："当时周村复育妇女医院，由李女士开展布道工作。其中 30 人病人接受基督教，67 人愿意听，47 人受一定影响，30 人拒绝听。"[46]

浸礼会医院内大夫多系英国浸礼会医生，医护人员大多为教徒，看病行医中都要向患者宣传宗教。医护人员每天还要到住院病房，做晨祷、唱圣歌，而且常有牧师或布道员来病室向患者讲经说道，不少患者由此而入教。当时西安广仁医院，诸凡病房礼拜，给就诊病人讲道，查经班等经常进行，效果颇佳。广仁医院的三原分院建立后，陕西渭北教会也派人在分院并病人布道。教会医院宗教气氛异常浓厚，开展的活动也相当频繁。浸礼会医院内的宗教活动内容都紧紧围绕宣传教义的宗旨，诸如查经班、唱诗班、各类人员团契等等，是要求病人必须参加的。有的宗教活动，甚至作为规章制度提出。青州麻疯疗养院的病人则是每天早上八点作礼拜，晚上七点查经。而门诊病人则在礼拜日注射，一边受治疗，一边接受灵性培养，并成立了勉励会，由病人自由加入。在与社会几乎隔绝的麻疯院里，一群无助可怜没有希望的病人，更容易接受基督教信仰，"近二年内，受洗加入 26 人"[47]。为保持布道的持续效力，医院的布道员也会根据病人登记，选择个别的对象，做家访和跟进工作。

虽然医疗布道不如直接布道效力大，但对改善基督教及传教士的公众形象却起了极大的作用。传教医生温暖的和富有人情味的治疗服务，拉近了中国病人与外国医院的感情距离。更为重要的是，传教士也通过诊治，让民众慢慢接受西医乃至基督教，改变了民众对西医持恐惧、怀疑、排斥的态度，转而开始对西方基督教与文明产生了兴趣。浸礼会医疗事业也的确达到了传教的初衷，传教士武成献认为："通过医学治病救人，提供医疗帮助，绝大多数人开

---

45 *Records of the Second Shantung Missionary Conference at Weihien,1898*, Shanghai: The Presbyterian Mission Press,1899,p.79.

46 *One Hundred and Forty Annual Report of the Baptists Missionary Society*, London: The Mission House,1932,p.35.

47 《山东青州麻疯疗养院近三年来之工作概况》，《麻疯季刊》1940 年第 14 卷第 3 期，第 38 页。

始不再怀疑传教士的动机，相信传教士的善行，尊重传教士发布的信息，由此大批病人入教也就不足为奇了。"[48]不过，随着教会医院的发展及病人增多，一些传教士越来越感受到无暇在看病之余布道，逐渐开始放弃医疗的传教性动机，而是将医疗作为救死扶伤的手段，专心于看病救人，这虽然有违教会初衷，但却促进了中国教会医院的专业化。

　　虽然英国浸礼会在华医疗事业以传播福音为目的，但其开设诊所医院为病人看病，减轻了病人生理上的疼苦，挽救了许多等待死亡的穷人生命，对缺病少药的中国民众来说无疑是雪中送炭。浸礼会的教会医院向当时闭塞的山东、山西、陕西等地输入了现代西方先进的医疗技术、医院管理制度，实现了从以家庭为主到以医院为主的转换，突破了以往中国医疗救济时地域、时间的局限，及时对病人进行有效救助，且在处处对病人的热心服务中体现了基督教的"博爱"精神，引起中国医疗制度的根本性变革，也对传统中医造成巨大冲击，更为重要的是，浸礼会开办的医院及护士学校，也为近代中国造就了大批急需的西医人才，也将现代西方先进的医学教育引进了中国。从教会医学机构里毕业学生除了极少数继续留在教会医院里工作外，绝大部分都分散到全国各地医院，无形中也充当了西医传播使者。

---

48 郑树平主编：《跨越百年时空——山东省益都卫生学校 120 年校庆文集》，山东大学出版社，2000 年，第 41 页。

第十四章　福音与救济：从山东传教士与晚清黄河水灾看近代灾荒中的基督教

黄河为中华民族的"母亲河"，但却是历史上决口次数最多的河流，向有"三年两决口，百年一改道"之说。特别是1855年黄河自铜瓦厢决口改道山东以来，山东受黄河泛滥之灾更为严重，几乎"无岁不决"。近代山东传教士面对黄河成灾的现状，本着基督教的普世博爱主义精神，不仅提出了诸多有效的治黄建议，而且还前赴灾区调查灾情、积极赈灾。学界对于晚清黄河水灾救济已研究甚多，但对来华传教士在黄河水灾中的言行却关注甚少[1]，本章将以山东新教传教士与黄河水灾为研究对象，探求传教士在黄河水灾救济中的动机及其贡献，关注传教士与近代地方社会的双向互动，以求对近代来华传教士在华活动有重新认识。

第一节　中国之痛：山东传教士眼中的黄河

1855年黄河改道后数年，美国北长老会、美国南浸信会、英国浸礼会等新教差会也借助1860年《北京条约》中传教士可以进入内地传教的规定，先

---

1 以笔者所见，目前学界对于山东传教士与黄河水灾的研究论著较少，主要有胡素萍：《李佳白与清末民初的中国社会》（中山大学出版社，2009年）；陶飞亚、刘天路著：《基督教会与近代山东社会》（山东大学出版社，1996年）等成果，主要涉及到部分传教士的治黄建议，其余方面则还缺乏考察。

后进入山东传教，其足迹迅速遍布齐鲁大地。近代来山东活动传教士多具有高等教育背景，在山东留有大量活动的日记与著作，因黄河在山东的重要性，故对其也是多有介绍。

黄河作为流经山东最大的河流，对山东的水文地理、经济乃至民众生活都有重要影响，传教士对此也提及甚多。在济南传教的北长老会传教士道雅伯夫人（Miss A. B. Dodd）曾对黄河造成当地环境影响写道："黄河严重影响了周围环境。在黄河以北地区，现在一片荒沙，过去那里有良田和肥沃的果园。河床本身很浅，没有堤防和树。"[2]传教士阿姆斯特朗（Alex Armstrong）在其著作《山东》一书中，则对从地理角度对黄河发源地、流经地区、改道等进行了介绍，并分析了黄河给山东带来的影响。他提到："黄河主要流经山东的泰安府、济南府、武定府所辖地区，黄河常年泥沙淤积，导致河床上升，遇到夏季暴雨即易产生洪水。政府虽投入大量经费筑堤束水，但成效不大。"[3]英国浸礼会传教士仲均安（A. G. Jones）在《万国公报》上发表的《新清河策》一文中，虽主要介绍对山东小清河水灾的治理，但也提到同为山东之患的黄河："自黄水泛滥以来，济属则齐章邹长，青属则高乐博寿，山水汹涌，连年为患，居山东者皆知之矣。"[4]在1893年于山东青州召开的第一次新教传教士会议上，仲均安又发表了《山东贫穷的原因及其对策》一文，后来以中文形式刊发于1895年《万国公报》上。在此文中他也提到了黄河之害，不过针对时人将山东贫穷的原因归之为："山东之害，河为大，若能顺轨安澜，复归南海，则此方可免分外之苦况"的言论，仲氏却持不同看法，"若为黄河为东省贫困之源，则大非矣"，其认为："黄水入境，始于咸同之世，迄今总四十年耳，然四十年前黄水未至，此地亦不甚富，今则水患频仍"[5]，其所言颇为在理。在青岛传教的德国同善会传教士卫礼贤（Richard Wilhelm）则提到了降雨与黄河水灾的关系，"以前，山东、河南等黄河流域各省土地最为肥沃。这些地区，几十年来，却特别容易受到洪水的危害，因为现在降水却几乎全部集中在夏季。……大灾往往在降雨或雨下得太多时发生，因为河床已经在降雨无规律的冲击下毁坏，洪水席卷大地，把几年破坏遗留下来的残存之物一扫而光。"[6]此外，在济南府传

2　R.C.Forsyth, *Shantung ,the Sacred Province of China in Some of Its Aspect*, Shanghai: Christian Literature Society,1912,p.190.

3　Alex Armstrong, *Shantung,* Shanghai: Shanghai Mercury Office,1891, p.8.

4　仲均安：《新清河策》，《万国公报》1891年2月，第8页。

5　仲均安：《山东贫困考》，《万国公报》1895年3月，第6页。

6　卫礼贤著，王宇洁等译：《中国心灵》，国际文化出版公司，1998年，第331页。

教多年的美国北长会士聂会东 (James B. Neal) 在《山东省城济南府》一文中, 则从正面角度对黄河进行了描写:"位于济南城北4英里处雾气腾腾、急奔而下的黄河, 很值得一看。该河港口泺口, 是帆船和其他船舶从事贸易的繁忙之地。下游紧挨该城的津浦路大桥, 正在修建, 到黄河去时看一下修建中的大桥, 也不虚此行。"[7]

黄河常年泛滥成灾, 灾区景象惨不忍睹, 当时在山东活动传教士也对黄河水灾情况有颇多介绍。曾在烟台传教的美国北长老会传教士韦廉臣 (Alexander Williamson) 在其游记中也对黄河水灾有所提及:"黄河经常决堤, 造成河水泛滥, 大量良田、村庄被淹没, 给各个朝代都带来严重危害, 政府不得不动用大量物力、人力来防范水患, 但仍效果不大, 被称为中国之痛。"[8]1882年, 黄河又在山东境内多处决口, 英国浸礼会传教士李提摩太 (Timothy Richard) 对此曾有述及:"世界最大的河流之一的黄河决堤了, 洪水淹没了这一地区约7个乡镇。洪水像海水一样涌入, 灌满整个村庄, 急流冲走了男人、女人、小孩、马、牛、树、骡子、房屋, 甚至整个村庄, 携带着所有的一切奔向大海。洪水过后, 那些曾经充满大片摇曳的玉米地、美丽的果园、幸福的家庭和乡村的富裕乡镇, 现在仅存的是被毁坏的房屋。整个乡镇满眼所见仅剩洪水遗留的泥沙、位于乡村高地上的庙宇和小镇中洪水没有冲倒的几处零星建筑。"[9]在山东庞庄传教的美国公理会传教士明恩溥 (A. H. Smith) 在其著作《中国乡村生活》中同样提及了黄河的改道:"黄河改道成现在这个样子已经四十多年了, 带走了叫清河的小河河床, 带来了肆虐的浊浪和十足的毁坏。在这一个多世纪中, 山东中部一直为黄河水患所困苦。"[10]1889年, 黄河再次在山东决口, 并因连日暴雨成灾, 在济南府传教的美国北长老会传教士李佳白 (Gilbert Reid) 对此叙道:黄河"今年于东省泛滥溃堤, 百万鸿嗷, 濒于危险。"[11]登州文会馆创始人、美国北长老会士狄考文 (C. W. Matter) 在日记中则写道:"黄河的改道, 导致新河道过于狭窄, 暴雨或连雨天便河水泛滥, 洪水一再大面积肆虐, 有时

7　R.C.Forsyth, *Shantung ,the Sacred Province of China in Some of Its Aspect*, Shanghai: Christian Literature Society,1912,p.335.

8　Alexander Williamson, *Journeys in North China,* London: Smith Elder& Co, p.208.

9　William E.Soothill, *Timothy Richard of China*, London: Seeley Service&Co Limited, 1926, p.165.

10　A. H. Smith, *Village Life in China: A Study in Sociology,* London: Oliphant, Anderson & Ferrier, 1899,p.172.

11　李佳白:《治河说》,《万国公报》1889年11月, 第2页。

水深数英尺，房屋土墙倒塌，耕地被毁。山东的西北部地区，则连续干旱，粮食颗粒无收，蔬菜也没办法种植。"[12] 1898 年，当山东黄河水灾再次发生时，美国北长老会传教士方法廉（F. H. Chalfant）在英文的《北华捷报》发表了《黄河水患》一文，详细介绍此次山东黄河水灾，"有 34 个州县 5600 平方公里的灾区受灾，数以万计的灾民成群结队，被迫逃荒，沿途到处乞讨，仍难得温饱，其状惨不忍睹。"[13] 美国北长老会在济南府的传教士道雅伯（A. B. Dodd）也在《中国圣省山东》一书中刊发长篇文章《中国之痛：黄河与山东关系》，详细论及黄河流经山东的历史与水灾危害，回顾了清代地方政府对黄河水灾的防治及救济灾民的方法。[14]

纵观近代山东新教传教士对黄河的介绍，大多称其为"中国之痛"，并从基督教一贯的普世博爱精神出发，集中提及到了黄河水灾危害。他们深入灾区调查，对灾区的惨状描述生动贴切，比地方官员的灾情奏报更为真实，方便我们从相对中立的角度观察认识黄河的水灾。尤其他们作为在华外国人，在灾区目睹中国赈灾的官员舞弊、施赈缓慢拖沓等种种弊端，也为其赈灾行动的有的放矢提供了参考。

第二节　普救苍生：传教士与黄河水灾赈济

黄河以"善淤、善决、善徙"而著称，每次决口之后，都造成尽地泽国、居民荡析离居、哀鸿遍野的惨状。自 1855 年黄河改道后，每当黄河水灾发生时，出于慈善博爱之心，在山东基督教会除向总部请求资助外，也报告国际赈灾组织，呼吁捐款，积极投入灾区赈灾。本章拟以 1889 年、1898 年两次晚清山东史上的黄河水灾为例，考察传教士在黄河赈灾中的具体行动及其与地方政府的关系。

1889 年春，山东因前一年时大部分地区秋涝，庄稼几乎颗粒无收，导致春荒严重，受灾较重村庄甚至出现了卖妻鬻子的局面。同年夏，山东又连降大雨，黄河在章丘、历城、齐河境内决口，洪水蔓延，全省受灾之县多达 82 处。

---

12 Daniel.W.Fisher, *Calvin Wilson Mateer: Forty-Five Years a Missionary in Shantung, China*, Philadelphia: Westminster Press, 1911, p.287.

13 The Yellow River Floods, The *North China Herald,* December 12,1899, p.1081.

14 R.C. Forsyth, *Shantung, the Sacred Province of China in Some of Its Aspect,* Shanghai: Christian Literature Society,1912,p.363.

饥荒与洪水相继发生，随之霍乱大流行，导致大量人员死亡。严重的自然灾害致使山东出现了大面积的灾荒，灾民多以树皮、树根充饥，大量灾民外出乞讨。为了生计，灾区买卖妇女儿童的现象也常有发生，在邹平地区传教的仲均安致信友人，谓："几乎任何村庄都存在买卖妇女儿童现象，只临淄县城就有 700 到 800 次买卖事件发生，我们听说一个村庄绝大部分妇女被买光了。"[15]李提摩太则在 1889 年 6 月给女儿的信中也说："去年山东的大部分地区遭受了一场不寻常的大雨，范围波及大约 30 个乡镇。庄稼全被水浸泡了。此次除了 8 年前遭受洪水的 7 个乡镇外，周围的 20 个乡镇也突然颗粒无收。这在中国这一地区造成了大饥荒。"[16]由于灾情严重，山东地方当局虽实施了设粥厂等放赈措施，但无奈灾民过多，根本无力悉心救济。

此次灾荒期间，"山东大部分传教士都放弃了常规传教工作，投身到挽救生命的赈灾事务当中，他们或写信呼吁捐款，或调查灾情，或照顾灾民。"[17]斯时，青州府、武定府、济南府灾害严重，传教士也主要集中在这些地区开展活动。为了实施有效的赈济，在鲁不同差会及差会内部也分工合作，在征得地方政府的同意与配合下，对救济区域作了划分，在中国助手帮助下，对灾情进行了仔细的调查，确定有数万人离家出去讨饭，并大多以草根、树皮之类维持生命。传教士还在烟台成立专门"山东赈灾委员会"，"呼请英国、美国和中国南方各地施以援手，共筹集到捐款 200000 美元。"[18]1889 年春，上海外国侨民又成立"华北义赈会"，向海外募捐，由"山东赈灾委员会"协助分发救灾款项。作为当时山东新教差会中规模较大的英国浸礼会与美国北长老会在本次赈灾中密切合作，"两会共计约 20 名外国职员，负责赈济山东中部与北部约 320000 人。这一巨大工程资金由伦敦市长官邸提供，捐款来自世界各地，全部捐助资助总额达到 40000 英镑。"[19]除了西方差会提供的捐助

15 *China Famine 1888-1889,Report of North China Famine Relief Committee*, London: Kelly&Walsh Limited,1890,p.2.

16 William E. Soothill, *Timothy Richard of China*, London: Seeley Service &Co Limited,1926,p.165.

17 J. B. Mateer, Some Reminiscences of the Famine Relief Work, *The Chinese Recorder and Missionary Journal,* January 1890,p.19.

18 John J. Heeren, *On The Shantung Front :A History of the Shantung Mission of the Presbyterian Church in the U.S.A. 1861-1940 in its Historical ,Economic ,and Political Setting* , New York: the Board of Foreign Missions of the Presbyterian Church in the United States of America;1940, p.77.

19 R.C.Forsyth, *Shantung, the Sacred Province of China in Some of Its Aspect*, Shanghai: Christian Literature Society,1912,p266.

外，山东基督徒也在博爱与慈善精神感召下，积极捐款奉献救助灾民。"据英国浸礼会 1890 年报告，其在山东教会的基督徒，共捐助了 4700 英镑。"[20]为了把集中到的大笔款项用到各地急需的灾民身上，两差会传教士在活动地区建立了数个中心救济站进行救济。他们先投入到登记城镇和乡村中最贫困人员的工作之中，为开展救济工作做准备。后向登记的家庭发放救济款，每人发放 10 文，每周发放一次。一些传教士与他们的妻子一起对外通信求助赈济，照顾在外流亡的妇女儿童。据报告，"山东传教士在灾荒期间，发放赈银315022 两，一般情况下，救济资金每人每天只能均摊一分钱，这样至少可以挽救十万人的生命。"[21]

　　早在 1888 年 10 月，因山东出现大面积秋涝，"北长老会传教士倪维思（J. H. Nevius）同良约翰（J. H. Laughlin）赴受灾最严重的山东西部的灾区调查，并将灾情发给上海报纸以获得援助。"[22]翌年，灾情蔓延后，北长老会狄考文夫妇在山东中部帮助赈灾，"负责一个救济站，四个月赈灾中在近 400 个村庄救助了 5 万余人。"[23]后来由于狄考文因故离开，狄考文夫人又独自在那里工作了 6 个星期。她和一些可靠的中国信徒一起，走街串巷，到灾民家里慰问，调查受灾的情况。除此之外，狄考文夫人的特别工作是要照看病人、饥饿的婴儿，以及靠那点可怜的救济款无法生活的家庭。1889 年初，北长老会士方法廉、聂会东及中国内地会的传教士斯图克（J. A. Stooke）也赴鲁西调查灾情，登记灾民赈灾。"北长老会士洪士提反（A. S. Hunter）则在中国助手帮助下，于潍县附近村庄照料近万名灾民，并呼吁救助其他的近 10 万灾民。"[24] 已经60 岁的倪维思又前往济南府帮助同事柏尔根（Paul D. Bergen）、李佳白等进行救济，因健康原因，倪维思虽不能前往亲自前往灾区救济，但他通过给上海、国外报纸写信请求资金援助的方式救济灾民。"两人在上海'华北义赈会'提

20 *The Annual Report of the Baptists Missionary Society*, London: The Mission House, 1890, p.28.

21 *China Famine 1888-1889, Report of North China Famine Relief Committee*, London: Kelly &Walsh Limited,1890,p25.

22 H.S.C.Nevius, The Life of John Livingstone Nevius : for Forty Years a Missionary in China, New York : Fleming H. Revell Company,1895,p.437.

23 John J.Heeren:*On The Shantung Front :A History of the Shantung Mission of the Presbyterian Church in the U.S.A. 1861-1940 in its Historical ,Economic,and Political Setting* ,New York: the Board of Foreign Missions of the Presbyterian Church in the United States of America,1940, p.77.

24 Correspondence, *The Chinese Recorder and Missionary Journal,* May 1889, p.229.

供的 12000 两赈银资助下，共救助了近 17 万灾民。"[25]由于受灾地区多为英国浸礼会传教活动地区，所以英国浸礼会在此次赈灾过程中贡献极大。在青州府活动的医学传教士武成献（J. R. Waston）邀请巴德顺（T. C. Paterson）和两名女教士来到青赈灾。而在邹平传教的仲均安，则邀请聂德华（E. C. Nickalls）、林惠生（S. B. Drake）、郝复兰（Frank Harmon）及高德成（E. C. Smyth）夫妇等传教士来邹平帮助赈灾。浸礼会传教士把灾区的惨状拍成照片，向国外介绍山东灾区的严重灾情，然后组织国外募捐。他们把从国外募集来的款项，除部分用来赈济灾民外，还用"以工代赈"方法，让灾民帮助英国商人运输从灾区购买的廉价土特产品。"据 1889 年 7 月统计，英国浸礼会共救助了 319222 人灾民，发放赈银 144980.74 两。"[26]浸礼会传教士李提摩太因参与了 1877 年丁戊奇荒赈灾，故此次灾荒又被山东传教士请他支援此次赈灾。李氏从天津到山东后，"就毫无保留地投入到山东首府济南府及其周边的赈灾工作中。他不仅进行物质上的救援，而且派出当地的牧师，两两一组到整个地区去调查灾情。"[27]但不久李氏却感染饥荒热病，不得不回天津疗养。下表为当时英国浸礼会在山东传教士参与此次赈灾的情况具体统计：

英国浸礼会 1889 年山东赈灾统计表[28]

传教士	赈灾地区	赈灾村庄数	救助人数	赈款数（文）
郝复兰	益都县	69	7296	2204450
法思远（R.C.Forsyth）武成献	青州府	-----	4547	3716250
怀恩光夫妇（J.S. Whitewright and Mrs. Whitewright）	博兴县、乐安县	188	30000	20466237
李提摩太	历城县	22	3000	-----
聂德华	博山地区	-----	2318	-----

25　*China Famine 1888-1889, Report of North China Famine Relief Committee*, London: Kelly&Walsh Limited,1890,p.28.

26　*Report by English Baptists Mission, Shantung*, London: Kelly&Walsh Limited, 1890, p.19.

27　William E.Soothill, *Timothy Richard of China*, London: Seeley Service&Co Limited, 1926, p.164.

28　*Report by English Baptists Mission, Shantung*, London: Kelly&Walsh Limited,1890, pp.6-13.

仲均安、武成献	利津、滨县、沾化地区	367	59630	21318450
卜道成（J.P.Bruce）仲均安	博兴，蒲台地区	148	18461	11405520
库寿龄（S.Couling）郝复兰	寿光县	91	14819	10675700

此外，在山东传教的英国圣道公会的英约翰（J. Innocent）、坎德林（G. T. Candlin）、莫诺森（G. M. H. Innocent）等传教士也投入赈灾，"在武定府共赈济了 121 个村庄、4880 户家庭，19088 人，分发赈款 13399100 文。"[29] 当时灾区民众为了生存变卖家产、儿女，传教士也感到其救助力量之弱小，但仍尽力救济灾民，分发钱粮。"英约翰甚至放弃自己计划中休假，坚持参与赈灾，直到 1891 年洪水退去才回国度假。"[30] 对于此次赈灾的效果，参与赈灾的北长老会传教士狄考文夫人在日记中记道："我们这里的工作产生了两个结果，我们每次到街上去都能明显感觉得到。一个结果是人们的脸色好看了。最初那种愁眉苦脸、灰黄色的面容基本上看不到了。另一个结果是乞丐的数量极大地减少了。我觉得现在的乞丐数还不到我们刚来时的二十分之一。"[31] 传教士更是通过此次赈灾赢得了民众好感，如当狄考文夫人在赈灾结束后离去时，她曾经帮助赈灾的那些村庄的领导人，也联合呈送给她一把绣着题词和受到过其帮助的 220 个村庄的名字的"万民伞"，并用轿子抬着她送离，足见民众对其发自内心的感激。

然而 1889 年水灾后不到 10 年，黄河又再次在山东决口。1898 年夏，因处于伏汛期的山东连日大雨，导致黄河水势猛涨，在东明、历城、利津等县又决溢 10 余处，河水泛滥，沿河州县大多被淹浸，"溜势甚猛，溜退又迟，即地势稍高之处，禾稼皆漂没一空，庐舍亦坍塌殆尽。"[32] 据山东巡抚张汝梅所奏："所有被水州县共计三十余处，灾情轻重不等，且系连年积欠之区，民困未苏，今复猝罹昏垫，荡析离居……水势之大，灾情之重，从未有如今岁伏汛之甚

---

29 *China Famine 1888-1889,Report of North China Famine Relief Committee* ,London: Kelly&Walsh Limited,1890,p.34.

30 G. T. Candlin, *John Innocent: A Story of Mission Work in North China,* London: The United Methodist Publishing House,1909, p.236.

31 〔美〕狄乐播著，郭大松译：《中华育英才——狄邦就烈传》，中国文史出版社，2009 年，第 89 页。

32 王林主编：《山东近代灾荒史》，齐鲁书社，2004 年，第 376 页。

者。"[33]而山东地方官员却坐视洪灾于不顾，迟迟不放赈救济灾民，部分士绅的局部放赈又力量薄弱，导致灾民到处流亡，饿殍遍地。直至清政府委派溥良查看山东赈务后，地方官员才赶造领赈账册，草草应付赈济。据鲁籍京官陈秉和所述赈灾实情："是今虽已放，而任用非人，百弊丛生，半归中饱。百姓当时溺毙者五万余人，至今饿毙者不计其数。"[34]

山东地方当局的不作为，又为传教士在灾区活动提供了契机。时山东传教士在目睹灾区惨状时叙道："灾区的数百村庄被淹没，数以千计的房屋被冲毁，家具、衣服及粮食等生活必需品都被掩埋于地下。灾民无奈居于临时搭建的草屋，或寄居于亲戚友人家，大多则被迫乞讨流亡。即将丰收的棉花、大豆等作物也被洪水淹没，幸存的灾民将要面临饥寒交迫的冬天。"[35]1898 年 10 月，正在潍县召开的山东新教传教士第二次全体大会为此专门成立黄河水灾赈灾委员会，并在英文《教务杂志》发布灾荒募捐通知，呼吁在华外人积极捐款，救济灾民。因灾荒发生地区为英国浸礼会、美国北长老会、英国圣道公会的传教区域，故主要为此三大差会传教士投入赈灾。地方官府在灾荒期间，也部分地救济了山东教会的基督徒，差会则在政府赈灾基础上，开展后续救济。山东地方官员鉴于传教士赈灾的丰富经验，也暂时放弃了对他们的戒备，"要求传教士继续在灾区散发赈银，一直坚持到 1899 年春天。"[36]当时在邹平、北镇地区的浸礼会传教士法思远、聂德华、林惠生、蔚兰光（W. A. Wills）等皆参与了救灾工作。浸礼会士采用以工代赈的方法，"借助浸礼会总部 4000 英镑资助，雇佣灾民，加固河堤，修路筑桥，"[37]救济了章丘、齐东、邹平、高苑、博兴等地灾民。"林惠生（F.S. Drake）在邹平组织 5600 人从事赈灾事工，如铺建堤道、修筑堤坝、加深河床以及修缮桥梁等事工，在博兴传教的法思远也劝说地方官员在博兴县开展类似赈灾工作。"[38]英国圣道公会传教士邢滋（J. Hinds）则在北长老会士韩维廉（W. B. Hamilton）的协助下，"在武定府从事赈灾，先后救济了大约 70 个村庄的一千户家庭。"[39]同时，传教士在水灾中的积极行动，

33　李文海等主编：《近代中国灾荒纪年》，湖南教育出版社，1990 年，第 636 页。

34　李文海等主编：《近代中国灾荒纪年》，第 637 页。

35　An Appeal on Behalf of Sufferers from Yellow River Flood, *The Chinese Recorder and Missionary Journal,* November 1898,p.610.

36　The Yellow River Floods Relief, The *North China Herald,* April 17,1899, p.686.

37　*The Annual Report of the Baptists Missionary Society*, London: The Mission House, 1900, p.57.

38　*Missionary Herald,* May 1900, pp.227-228.

39　The Yellow River Floods Relief, The *North China Herald,* April 17,1899, p.686.

也刺激了素有民族主义情绪的当地士绅与民间团体的赈灾，他们也纷纷行动捐款，筹得可观的赈银。由于国内源源不断捐款汇至，保证了赈灾的持续进行。1898 年的黄河决口，导致了基督教开展诸如铺路、修桥及筑堵河坝等赈灾工作。通过开展这些工作，不仅受灾的人们得到了救济，而且这些工程的修建也为灾民的未来生计提供了帮助。然而灾荒过后，出于传统夷夏之辩的影响，山东地方当局又恢复了对传教士的防范。据法思远所述："后来山东地方政府接管了这些工程，几乎未给传教士们留下这方面的活动空间。"[40]

　　与丁戊奇荒相比，在黄河灾荒救济中，山东传教士参与度更加广泛，救助地区、人数、发放赈款都远高于前者。特别是英国浸礼会与美国长老会开始在赈灾上的合作，采用赈灾委员会提供的共同资金，在临近地区用相同的方法由传教士发放灾款救济灾民，有利于提高效率、为灾民提供均等机会，避免了各自分发的弊端。传教士参与赈灾，一方面是受基督普世博爱德精神指引，另一方面还在于借机传播福音。1889 年灾荒中，狄考文夫人在赈灾时，曾利用大量时间向涌到他们住处的妇女们讲福音故事。她使用当地的口头语言向这些妇女传教，这使妇女们非常高兴，打开了通向她们的心灵之路。"传教士每周举行的礼拜，也吸引了众多灾民参加。因场地有限难以容纳如此多的灾民，传教士不得不停止公开告知礼拜的具体时间。"[41]更为重要的是，传教士也借助赈灾，得以接近普通民众乃至士绅传教，打开了福音之门。自近代传教士入华以来，受中西文化冲突、民族主义等多因素影响，大多国人对外国传教士带有怀疑与敌视情绪，这也导致晚清教案频发。而此次灾荒后，民众对基督教的敌意有所减弱。正如狄考文所言："基督教给这里大多数人，包括没接受救济的人留下了极好的印象。一位赈灾工作的主要中国助手在写给为这次赈灾提供帮助的人说：这必定是好宗教。如果不是，那为什么其他宗教信徒不来赈灾？这一地区的人因此愿意了解基督教，他们越了解就越信奉，最后终于皈依基督。最终，数百人加入了教会。"[42]1889 年灾荒期间，参与赈灾的英国浸礼会的教徒数也有明显增加。1888 年，"浸礼会只有 58 名教徒受洗。到 1889 年、

40 R. C. Forsyth, *Shantung, the Sacred Province of China in Some of Its Aspect,* Shanghai: Christian Literature Society,1912, p.266.

41 J. B. Mateer, Some Reminiscences of the Famine Relief Work, *The Chinese Recorder and Missionary Journal,* January 1890,p.26.

42 Daniel W. Fisher, *Calvin Wilson Mateer: Forty-Five Years a Missionary in Shantung, China,* Philadelphia: Westminster Press, 1911, p.290.

1890 年则分别有 100 名、115 名信徒入教。"[43]而在 1898 年的黄河赈灾后，参与赈灾的差会同样也吸引了诸多灾民入教，"英国浸礼会教徒数，从 1898 年的 3890 名，增长到 1900 年的 4177 名教徒。美国北长老会教徒数则从 1898 年的 5442 名，增长到 1900 年的 5980 名。"[44]在一定意义上而言，在鲁新教差会正是借助灾荒的契机，打开了传教局面。当然，也有少数灾民入教完全出于生计所迫，并不是真正的对基督教产生兴趣信仰，这也导致出现大量的"吃教"者，他们往往在生活改善后就放弃信仰。为防止滥竽充数的吃教徒加入，美国北长会则"详细考究其心理，实验其程度，处处与信教条理结合，始能收入，否则令其复习，或终不允其加入。"[45]而英国浸礼会年度报告也称："1889 年，该会将 26 名不合格教徒除名。"[46]故部分传教士对赈灾发展信徒的作用也持谨慎态度，并不将之看为与教育、医疗布道相比的有效传教手段。

第三节　局外旁观：山东传教士的治黄建议

自黄河泛滥以来，中国历代王朝都为治黄所困扰，晚清政府也曾设法整治黄河，在野官员及民间人士也提出了展宽河身，疏浚河淤，开通支河减水，筑堤束水攻沙等方案。然而，所提方案却各有利弊，且受困资金、技术等因素限制，只能重复筑堤束水老办法，无力从根本上防治水灾。除官办之外，部分官员还力劝民修，但多无济于事。近代来山东的传教士，亲眼目睹黄河泛滥带来的极大灾难及清政府整治黄河的失败和无力，李佳白、法思远、方法廉等传教士也借鉴西方的水灾治理经验，提出了各种治河意见，期望根治黄河水灾。

李佳白 1885 年来华，后被美国北长老会派往济南府传教，其在山东传教期间也正是黄河泛滥多发期。面对灾区惨状，他认识到传播福音并不能拯救处于水火之中的民众，单纯的救济也只能解一时之需，决心以治理黄河这一实际

---

43 Alex Armstrong, *Shantung,* Shanghai: Shanghai Mercury Office,1891, p.135.

44 *Records of The Second Shantung Missionary Conference at Wei-hien, 1898,* Shanghai, The Presbyterian Mission Press, 1899,p.139; Norman Howard Cliff, *A History of the Protestant Movement in Shandong Province*, China, 1859-1951,University of Buckingham, 1994, p.383.

45 连警斋编：《郭显德牧师行传全集》，广学会，1937 年，第 417 页。

46 *The Annual Report of the Baptists Missionary Society*, London: The Mission House, 1890, p.29.

的举动彰显耶稣对灾民的博爱，以此取得民众好感，进而信教。李氏目睹中国河患频仍，久无善策，"尝由铁门关亲冒风涛，逆流而上，探采受害之由，不限方隅之见著，为河工策四条上之。"[47]1886 年，李佳白即向山东巡抚张曜呈递了一份介绍西方治理河流泛滥的方法报告，打破了"官府对其避而不见"的困境，然其报告却未受重视。此后，他又连续在《万国公报》上发表了《西国治河成法》《治河说》《以工代赈说》《黄河归海论》《治河建闸说》等有关治理黄河水患的文章，提出诸多颇有价值的建议。他在介绍西方治理水患方法基础上，指出黄河水患原因在于："皆由入海口不畅，以致连年漫溢。"[48]，他在《治河说》一文中，针对山东治黄虽"条分缕析，已臻万全，而究不免于决口溃水"的现状，指明其症结在于："皆与黄河为敌，而不能顺其自然也"。他强调黄河治理的关键要循序渐进，因势利导，"假若黄河之奔流以涤荡其泥沙，使之带泥挟沙而行。泥沙不停，则壅塞远去，水得就下之性。"[49]他在该文中，还提出了勘察水力地势、假水力荡沙、相势筑堤、开闸旁泻、海口筑坝等治河五法。即使李氏离鲁赴京活动后，仍在 1896 年出版《河工策》，又提出了"理河源，治水去淤"的建议。李佳白还针对 1889 年黄河水灾，提出"以工代赈"的办法进行赈济，此法实已早在中国古代大型工程建设中运用。然他通过多年的赈灾发现，"对灾民单纯发放赈灾银两，只是一时的救济，而是同地方政府合作，将赈银用在防灾工程修建，建立长效的赈灾机制。"[50]他根据灾民的情况，建议将灾民分为老幼妇女与强壮丁男两类，实行不同的救济。其中，"老幼妇女仍需义赈，间使樵采理田，以俟岁丰。强壮丁男乃以工代赈，量工定价"[51]，或开垦荒地，或修建道路，或浚淤筑堤。在管理方面，他看到了黄河治理中存在的一些弊端，"提出用公正廉明的官员从事赈灾事务，杜绝舞弊挪用赈灾款项，并建议请西人参与设立赈局，共同从事此项工作。"[52]然而，在西方崇尚的政教分离背景下，李氏所寄予中西合作的建议并未被"赈灾委员会"所接受，只是部分传教士在少数个别地区得以暂时推行。李佳白的一系列治黄建议切中要害，分析

47 李佳白：《尚贤堂文录》，《万国公报》1897 年 7 月，第 3 页。

48 李佳白：《黄河归海论》，《万国公报》1890 年 8 月，第 1 页。

49 李佳白：《治河说》，《万国公报》1889 年 11 月，第 2 页。

50 Liu Kwang-Ching, *American Missionaries in China: Papers from Harvard Seminars*, Harvard University Press,1970, pp.114-115.

51 李佳白：《以工代赈说》，《万国公报》1889 年 12 月，第 5 页。

52 胡素萍：《李佳白与清末民初的中国社会》，中山大学出版社，2009 年，第 22 页。

透彻，突破了原有中国古代的治黄建议，带来了西方的先进治水建议，可谓当时治黄言论集大成者，但当时处于内忧外患中的清政府根本无力实施。

在 1898 年 10 月于潍县召开的山东第二次新教传教士会议上，与会传教士也对频发的黄河水灾甚为关注，并一致通过了致北京公使团的建议书，希望能够引起他们对黄河频繁决口造成巨大危害的注意，并通过公使团建议清政府有效治理黄河。建议书陈述了黄河泛滥给山东造成的灾难景象，指出由此引起的生命和财产损失难以估计。他们强烈建议北京的公使团出于人道主义的缘故，尽其可能地使中国政府明白采用新方法控制黄河水的必要性。他们指出现在所采取的治黄方法都是不适用的，要求外交使团建议中国政府组织一个外国专家委员会，对黄河进行调查，并提出防止这种灾难和利用河水的最好方法，并确信这会终止灾难，并会成为物质财富的源泉。他们还提出在黄河上游修建水库、湖泊、增加分支、修直部分弯河道及利用旧河床的建议。[53]传教士们的观察及建议，不无道理，但却没有引起公使团的兴趣，且认为他们行动已超越传教的本质工作，导致其治黄建议无终而止。

明恩溥在其著作中还专门提及了清政府的治黄："政府于 1887 年花费巨资再次改制河道，试图使黄河最终又回到原先的河床上去，看到过新河道的外国人，很少会认为这项伟业能够完成。……当河道总督向皇上提出必须借助国外的科学来实施工程时，他的提议被皇太后训斥为"早熟和卖弄"！[54] 正如明氏所言，清政府曾专门拨款，勘测黄河，计划修筑大堤。然而历经八月，大堤仍未完工，黄河又相继在河南、山东决口。在当时情形下，利用外资与先进的西方技术治理黄河可为上策，惜当时清政府愚昧自大而未成现实。美国北长老会士方法廉则对治黄提出了在济南府西北重修新河道的建议，使得新旧河道并存，分散河水流量，使部分河水通过寿光羊角沟入海，并可为附近农田灌溉。[55]类似开通支河的建议实早被中国官员提出过，但需费大量人力、物力，在当时晚清政府条件下实施甚难。英国浸礼会传教士法思远在其 1912 年编辑出版的英文著作《中国圣省山东》中，结合自己的赈灾经历，陈述黄河经常性地河

---

53 *Records of the Second Shandong Missionary Conference at Wei Hien*,1898,Shanghai:The Presbyterian Mission Press, 1899, pp.5-6. 转引自：陶飞亚、刘天路：《基督教会与近代山东社会》，山东大学出版社，1995 年，第 249-250 页。

54 A. H. Smith, *Village Life in China: A Study in Sociology,* London: Oliphant, Anderson & Ferrier, 1899, p.172.

55 The Yellow River Floods, The *North China Herald,* December 12, 1899, p.1082.

床淤积、河水泛滥的现实，也提到了他对黄河治理的意见，不过并无新意。"他建议黄河应该像埃及的尼罗河一样修筑堤坝，变害为利。但他还认为治河费用浩繁，中国是个穷国，治河必须依靠外国的专家、资金和技术。然而目前中国正值百废待兴，治理黄河只有依靠将来。"[56]同时，他还提出了尽地力、谋民生、改善交通及开矿产等赈灾建议，从根本上改变黄河附近民众生存环境，这比起一些饱食终日、无所事事的封建官僚更有见地。传教士道雅伯也认为黄河治理虽有良策，"但每年至少需要500万两白银，当时的政府根本无力从根本上改变黄河多灾的现状，只能临时性地防堵。"[57]1891年，由于严重的财政困难，清廷彻底放弃了直接由国家来治理黄河的工作，而责令直隶、河南、山东三省的地方督抚来承担此项工作，中央政府提供的治黄经费日减。对此，直隶总督李鸿章在1899勘察黄河后也叹道："黄河自改入东省，修防堵务，本属创办，间有工作，皆因经费支绌，未按治河成法。"[58]此外，英国浸礼会在青州1887年开设的博物堂里有一艘蒸汽挖泥船的模型展示了如何疏浚黄河河床的淤泥，从而避免可怕的灾难性的洪水。[59]后于1904年在济南开办的广智院里也展出了解决黄河水灾的模型，通过在河岸上安装简单的装置来防治水灾，后在南京国民政府时期被山东地方当局用于治黄实践。

在晚清山东黄河水灾频发，屡治不止的背景下，山东传教士本着人道主义的精神，深入灾区，调查灾情，呼吁捐款，积极救济灾民，虽其救济区域、人数有限，但对濒于死亡的灾民来说无疑是雪中送炭。毋庸置疑，山东传教士的赈灾行动带有浓厚的传播福音的功利动机，但其行动也具有强烈的关切民生和人类所有民族进步的属性，尽管这一属性是基于所谓基督救世和上帝之爱，这也是基督教博爱慈善精神的最好体现，故将其行为一概斥为文化侵略则有失公允。在传统的黄河水灾救济中，多是满足灾民一时之需的钱物救济，这种消极的救济方式不能从根本上缓解受助者的困境，为治标而不治本之策。而传教士在救济中推行宣传呼吁、调查分发、分工合作、以工代赈等一整套的近代

---

56 R. C. Forsyth, *Shantung ,the Sacred Province of China in Some of Its Aspect*, Shanghai: Christian Literature Society,1912,p.395.

57 R. C. Forsyth, *Shantung, the Sacred Province of China in Some of Its Aspect*, Shanghai: Christian Literature Society,1912,p.377.

58 林修竹、徐振声编：《历代治黄史》卷五，山东河务总局，1926年，第42页。

59 J. S. Whitewright, Museums, *Records of the Second Triennial Meeting of the Educational Association of China, held at Shanghai, May 6-9, 1896,* Shanghai: American Presbyterian Mission Press,1896,p.236.

赈灾模式，改变了传统政府救济平均分配的方法，避免了以往政府赈济中贪污虚报等弊端，在局部地区最大限度地救济了灾民。传教士在赈灾过程中，也充分考虑了中国传统道德习俗，注重与地方政府的协调配合。而地方政府在传统慈善逐渐弱化情况下，也开始重视教会慈善的作用，暂时抛弃一贯的对外敌视态度，联合外来力量救济，中西传统、近代慈善相互影响，也催生刺激了近代民间力量的义赈产生发展。

目睹严重的灾情，深受普世主义熏陶的传教士，希望中国彻底治理黄河水患，免受水灾破坏。除了亲身参加赈灾外，山东传教士也在自己的论著中提及黄河水灾，并提出了诸多治黄建议。作为在华活动多年的外国人，传教士对黄河认识大多比较真实贴切，其治黄建议吸取了西方先进的治水经验，可以说不无裨益，许多建议与当时国人所提也有异曲同工之处。虽然传教士的建议新意有限，但却注意到了晚清中国的治黄缺乏资金技术、吏治腐败等现实困难，故极力建议充分利用外力治黄。无论赈灾、治河还是整体性的经济改革，他们都主张清政府采用西法，利用外国资金技术治黄，加强教会与政府的合作。但是晚清政府在内忧外患的境地下，财政极度紧张，河务及吏治腐败，无心也无力采取其各种意见，而且清政府对外国势力向来心存疑虑，再加上差会的反对，因此他们的意见只是停留在建议的层面。民国士人也对有清一代治黄困局叹道："盖河患固极重要，然必海内安宁，政治修明之日，方能言乎修治。否则疆土分裂，民力既尽，库藏匮竭。虽有治河之才，终难望其见实施也。"[60]但是，我们不能因此否定其所作的努力，传教士大部分治黄建议在以后清末山东巡抚周馥及民国山东政府的治黄实践中都得到了不同程度的实施。不可否认，传教士一切活动的最终目的为扩大福音的传播，时黄水泛滥、灾民流离无所，终日为生计而忙，但此时灾民又急需心理上的安慰。传教士则借助赈灾，缓解了紧张的民教关系，民众对基督教的误会敌视日渐消减，对吸收发展教徒大有帮助，参加赈灾的美国北长老会与英国浸礼会也成为在山东教区最广的两大差会。

60　木广：《历代河患之概述》，《黄河水利月刊》1936年第3卷第9期，第754页。

第十五章　知识与福音：近代教会博物馆与城市公共空间——以济南广智院为中心的考察

近年来，近代城市公共空间成为学界关注热点，但多是对公园、茶馆、剧院、街头、广场等公共场所的考察，而将博物馆作为研究对象者甚少。博物馆作为近代西方文明的产物，在晚清也被来华传教士引入中国，并迅速为国人所接受效仿。本章将以在济南成立最早的博物馆——济南广智院作为研究对象，通过对其展览、布道等活动的考察，研究其在近代城市公共空间中的特殊地位，并厘清教会博物馆在传教事业中的作用。

第一节　济南广智院概况

1887 年，英国浸礼会传教士怀恩光（J. S. Whitewright）在青州的郭罗培真书院附设"博物堂"，展示西洋文明器物，"冀与各界人士联络感情，使真道普及于齐鲁。"[1]1904 年，英国浸礼会与美国北长老会正式实施组建山东基督教新教大学协议，济南为重要办学点之一，而连接济南、青岛的胶济铁路也于是年通车，济南的重要性随之增强。怀恩光此时认识到："济南为山东省会，交通便利，人烟荟萃，则博物堂供献于民众之机会，必因而加多"[2]，故决定在济南建

1　王长泰：《济南广智院记略》，《中华基督教会年鉴》第 2 期，商务印书馆，1915 年，第 170 页。
2　济南广智院编刊：《济南广智院志略》，济南，1931 年，第 1 页。

立类似的博物堂，也为开辟济南教区做准备。怀恩光在取得英国浸礼会总部的同意与拨款后，1904年在济南南关购地建设大型展览馆。1905年12月，展览馆首期工程完成，怀恩光把这座展览馆定名为"广智院"，借以表达"广其智识"之意，同时将青州博物堂部分展品迁至济南。当时怀恩光遍发请柬，邀请在济南的各级官员惠临增光。"时任山东巡抚的杨世骧率领一批官僚前来参加开幕典礼，并亲自开馆且对基督教贡献给予了肯定，后在展览厅门前合影留念。"[3]怀恩光还特意将合影照片，制成锌版在国内外报纸杂志上刊登，以扩大宣传，声称"全省最高级的政府官员在基督教团体亲自参与其事，在山东历史上还是第一次"[4]。1906年，当广智院附属工程竣工后，时任山东巡抚的吴廷斌又亲自出席落成典礼。1910年，通过怀恩光募捐及差会拨款，济南广智院全部建成，建筑风格中西结合，为当时济南最早的博物馆。广智院为体现其特殊性，在馆内布置上也颇具特色，"正面为陈列室，左为阅报观书室，右为研究所，后为宣讲堂，最后为住宅。"[5]1917年，齐鲁大学全部在济南办学后，广智院又成为齐大社会教育科，而齐大的许多演讲、表演等集体活动也多在该院举办。

广智院每周六天对外开放，门口还有转盘型计数器以便统计人数，初期观众可免费参观，导致观者如云，"成立之初，每天大约有300人参观，最多一天达到5000人。"[6]广智院作为公共的文化资源，对社会各个阶层平等开放，上至官绅，下至普通民众都可随意参观。在国门大开的清末民初社会，参观广智院者并不限于中国人，也有少数外国人参观。"1905年到1910年，来客登记簿300多位外国签名者，并不是基督教团体的人，他们代表了不下15个国家。登记簿显示来的比较多的是德国人、美国人、英国人和日本人。"[7]民国成立后，鉴于省城济南驻扎军队，浸礼会还于1913年开办"军界广智院"，主要面对军人开放，陈列各国兵器，介绍各国军队状况。因民初社会趋于稳定，参观者日众，据1914年广智院报告，当年"进院游览者男女计2800175人"。[8]

3　R. C. Forsyth, "A New Departure in Shantung", *The Chinese Recorder*, January 1906, p.60.

4　袁叶如，王前佑：《济南广智院的历史回忆》，济南市基督教三自爱国运动委员会编刊：《基督教史料选辑》第2辑，1962年，第7页。

5　白眉初编：《山东省志》第3卷第5章，泰州：新华书店古旧部，1925年，第7页。

6　R.C.Forsyth, *Shantung, the Sacred Province of China in Some of Its Aspect*, Shanghai: Christian Literature Society,1912,p.312.

7　R.C.Forsyth, *Shantung, the Sacred Province of China in Some of Its Aspect*,p.315.

8　王长泰：《济南广智院记略》，《中华基督教会年鉴》第2期，商务印书馆，1915年，第170页。

又据《中华归主》1920 年统计，"参观广智院的人，平均每天 1200 人以上。在一批受过训练的工作人员指导下，该院与参观者进行接触，以布道礼拜与演讲结束。"[9]当时考虑到中国传统道德，广智院初期还专门将周一设为女性开放日，当然其他时间女性也可入院参观[10]，到民国前期随着社会风气开放，才取消了此规定，并开始酌收门票。1923 年，因怀恩光回国休假，暂由浸礼会士潘亨利（Henry Payne）代理院长。1926 年 1 月，怀恩光因病去世，广智院自开办到此时已有超过 700 万人参观。[11]后浸礼会委派魏礼模（H. R. Williamson）出任院长，院务继续扩充。时广智院的观者也与日剧增，曾在广智院工作的王梓仲 1930 年记述参观人数时说，"每年平均计不下四十余万，几等于全济之户口人数。据国籍而言，数十年中外人来院参观者亦不下三十余国。"[12]1931 年，齐鲁大学申请立案时，为达到国民政府教育部立案要求，作为社会教育科的广智院与神学院皆从中分出独立，但齐大仍经常在广智院举行各种活动。时前来广智院参观者的来源广泛，据 1937 年报告，"每年有二十万五千人进内参观，内有三万八千人是为来读报章，两万人是远处来烧香者，四万人是学生。"[13]济南广智院也成为当时与济南千佛山、大明湖等齐名的著名景点，为游客来济南必去的景观之一，更有观者参观后云："这里可说是一部智识的万有文库。去游济南的人，山水的胜景少领略一点倒不要紧，可是广智院是不能不去参观一下的。"[14]

　　1937 年秋，济南被日军占领后，广智院因为英国开办，得以继续维持，并发售日券与月券两种门票。1939 年，魏礼模回国后，由传教士胡伟思（J.C. Harris）负责管理广智院。日据济南时期，仍有许多民众入院参观，如在 1939 年，"参观者也达到 164300 人，其中 66400 人买票参观，而 97900 人则在免费日参观。"[15]1941 年底，太平洋战争爆发，日本对英美宣战，日军随即接管了广智院，改为科学馆继续开放，但部分展品被日军损坏。抗战胜利后的 1946

9　中华续行委办会编，蔡詠春等译：《1901-1920 年中国基督教调查资料》下卷，中国社会科学出版社，2007 年，第 992 页。

10　H. R. Williamson. *British Baptists in China, 1845-1952*, London: The Carey Kingsgate Press Limited, 1957. p. 202.

11　"John Sutherland Whitewright of Tsinan is Dead", *The China Press*, Jan 23, 1926, p. 13.

12　王梓仲：《济南广智院之近况》，《中华基督教会年鉴》第 11 期，中华全国基督教协进会，1931 年，第 116 页。

13　连警斋编：《郭显德牧师行传全集》，广学会，1937 年，第 259 页。

14　锡英：《记济南广智院》，《津浦铁路日刊》1937 年第 1087 号，第 114 页。

15　《广智院来往信件》，山东省档案馆藏：私立齐鲁大学卷宗，档案号：J109-01-122。

年，浸礼会传教士林仰山（F. S. Drake）重新接管开办广智院。济南获得解放后，广智院由山东基督教中四区联合会接管，院长也由中国人袁叶如出任。新中国成立后，广智院暂时继续开办，到 1952 年，因英国浸礼会撤出中国，广智院由山东省自然科学研究所接收，后成为山东博物馆的自然陈列室。现广智院的主体建筑仍保存于济南历下区的广智院街，为山东省文物科技保护中心所在地。

第二节 智识空间：展览与知识传播

清末民初的济南社会，茶馆、剧院、公园等是普通民众公共活动的基本场所，而广智院作为济南的首座博物馆，是城市公共空间的新型表征，自然也有其开拓民智、传播知识的特殊作用，成为典型的智识空间。广智院辟有专门的圣经室、万国历史室、人类室、卫生室、学界体育室、显微镜实验室、男女接待室等室所，以满足展览参观需要。广智院作为新兴公共空间，还不同于中国传统的私人收藏室，特别之处即是其展览对社会公众平等开放，这也是城市空间的公共性体现。广智院展览可分为常规展览和专题展览两类，就常规展览而言，在不同的时代，展览的内容也各有侧重，"其内飞潜动植，各种标本，以及古代遗物，近世发明，无所不有。"[16]而广智院展览主要展品不外乎自然科学、实用科学、社会科学、美术及史地等方面的模型图表，主要分圣经方言部、卫生部、历史部、人体模型部、森林部、商业陈列部、科学部、农事部、动物部等部分"[17]，其分类也体现了西方博物馆的近代科学理念。

西方传教士来华后，多带有西方文明的优越感，本着普世主义的目的，也希望中国实现西式的现代化，摆脱积贫积弱的落后局面，故也通过展览向中国介绍先进的西方文明乃至基督教文明，以唤醒中国人的觉悟。因此，在广智院的展览中，也以普及科学常识的陈列品居多。在院内展品中，有各种自然、历史、天文以及世界人种模型，动植物、地质标本，声光化电仪器，各国风景图书，各国历史沿革图示，还有标示教育、商业等方面进步的图表。此类展品的设置，正体现了广智院的目的和作用："致力于开化与教育，消除偏见与误解，尽力使东西方和谐相处，互相理解，并清晰展示基督教的真理及其对生活的影

---

16 《广智院服务概况》，《鲁铎半年刊》1933 年第 5 卷，第 173 页。
17 王卓然编：《中国教育一瞥录》，商务印书馆，1923 年，第 344 页。

响。"[18]同时，在展览中，对中国的国情与传统文化精华，也做了部分的介绍。如中国物产图、古代文化图表、历代名人国画、中国文字语言的源流、历代疆域的发展及甲骨文、金石拓片、陶瓷器等古代文物。"院中展览之设备，虽属粗具，亦有文人学士可资研究者，雅俗共赏，有口皆碑。"[19]广智院还展出山东本地的物产，"若泺口之桥，黄河之鲟，博山之玻璃瓷器等，凡山东重要建筑特别物产，皆搜采陈列。"[20]鉴于当时社会对女界不重视，广智院还在 1920 年代开设有女界慈善事业模型部，陈列家庭教育、女子教育、女界养老院、女子看护生等，以唤醒社会为女性谋求利益幸福。时民国教育部 1934 年出版的《第一次中国教育年鉴》也对广智院的展品推崇有加，称："该馆注重科学常识，农林卫生及国有文化之介绍并推进，其自制模型尤不可多得。"[21]广智院虽然展览的模型多样，然也有观者认为广智院展出的欧美工业模型，并不适合中国现势所必需，"无甚价值……陈列彼处，不过广告而已。"[22]广智院还常年雇佣能制作实物模型及标本、图表的中国工人，他们在怀恩光、魏礼模等人指导下工作，并根据不同的需要与时代变化经常更新展品。如一战期间，院内特开辟专室，宣传协约国的战争正义性，并陈列各种报纸，展出英法等国的军事实力。二战之后，则展出英美等国的科学成就，还放映美国新闻处提供的电影。为方便参观者理解，广智院里的中国职员还负责为民众讲解展品与仪器，同参观者交流，有时还到官绅家中进行回访，借此加强与上层人士的关系。此外，"广智院的展出模型也经常无偿租借给济南的其他公共组织展览，可以惠及更多的民众参观受益。"[23]因广智院制作的模型精良，亦有其他团体向广智院订购模型。如 1930 年，中华麻疯救济会为普及麻疯知识起见，特向广智院订购泥制麻疯模型，全套九十余件，涉及麻疯各种病症及治疗等演示。[24]1931 年 8 月，

---

18 J.S.Whitewright, "Evangelistic Work in China", *The Chinese Recorder*, May 1913, p.272.

19 王梓仲：《济南广智院之近况》，《中华基督教会年鉴》第 11 期，第 116 页。

20 黄炎培：《山东广智院》，《教育研究》1915 年第 19 期，第 15 页。

21 吴相湘、刘绍唐主编：《第一次中国教育年鉴》第 3 册，传纪文学出版社，1971 年影印本，第 885 页。

22 华学涑、李详者：《调查山东广智院报告》，《直隶省商品陈列所月报》1917 年第 2 年第 5 号，第 2 页。

23 James M.Yard, "Contacts:A Study of the Museums at Tsinanfu", *The Chinese Recorder*, June 1925, p.375.

24 《中华麻疯会之新猷》，《申报》1930 年 11 月 23 日，第 14 版。

南京国民政府举行全国路市展览会，征集各省展品。"山东省建设厅应征后，即函请广智院制作全省汽车交通模型一具，以备送会展览。"[25]

广智院作为教会博物馆，还充分考虑到参观者的利益需求，其鲜明的教育性也是其区别于以往茶馆、剧院等旧式公共空间的特色之一，"利用社会固有知识，而进之以新知识，深合教育原理。"[26]。为启迪民智，广智院还特意展出妇女缠足、吸食鸦片等反映中国愚昧落后的文化模型，各种展览都力求贴近现实，让参观者通过对比的方式让人感受中国与世界的差距，"使人见之，利害判然，足以发人猛醒"[27]，以达开化文明的目的。院内展览各种土地面积、人数、物产、商务，及其他关于文化事物，一切比较图表，皆以中国为本位，而与他国较，使观者感觉中西差距，激发爱国之心，"如有志者于此，其亦所知自勉矣。"[28]因当时民众环境保护意识淡薄，广智院还注意到植树造林的重要性，除了开专门演讲会外，"甚注重森林问题，并置有模范森林，以示山东荒山遍种树木之利益"[29]。广智院还展示有医院、盲人学校等慈善机构活动，及战时红十字会在法国、非洲、西伯利亚等地不分民族、国籍救护伤病兵的模型，"可以帮助观者了解爱之福音的意义，从而让对邻国的不幸反应冷淡的国人，对这种牺牲奉献的行为会抱有好奇心，继而产生让他们领悟到爱之所以成为基督教文明基石的原因的效果。"[30]因当时中国民众的公共卫生意识淡薄，"广智院还专门用图片、数字、模型演示疾病传播的主要原因，并用生动的数据对照来反映中国疾病传染的高死亡率与西方采取防治方法后的良效。"[31]1914年11月的《申报》也提及广智院展品生动阐释各种疾病原因，"如画一蝇足沾无数之微生物上，说明若此蝇飞之肴内，食后即吐泻或生腹痛诸病。"[32]曾在齐鲁大学任教的老舍在其《广智院》一文中曾对此民众参观广智院反应有形象的

---

25 《广智院从事赶制全省交通模型》，《山东省建设月刊》1931年第1卷第7期，第6页。

26 黄炎培：《山东广智院》，《教育研究》1915年第19期，第15页。

27 华学涑、李详著：《调查山东广智院报告》，《直隶省商品陈列所月报》1917年第2年第5号，第2页。

28 《纪黄韧之先生演说鲁省情形》，《申报》1914年11月5日，第11版。

29 《济南将扩充林政》，《申报》1917年4月27日，第6版。

30 外务省文化事业部：《欧米人の支那に於ける文化事业》，大正十四年（1925年），第422页。

31 Harald Balme, *China and Modern Medicine: A Study in Medical Missionary Development,* London: The Carey Kingsgate Press, 1921,p.176.

32 《纪黄韧之先生演说鲁省情形》，《申报》1914年11月5日，第10版。

描绘："大鲸鱼标本。黄帝子孙相率瞪眼，一万个看不懂，到底是啥呢？蚊虫放大标本。又一个相率瞪眼，到底是啥呢？碰巧了有位识字的，十二分的骄傲说道：这是蚊子！大家又一个瞪眼，蚊子？一向没看过乌鸦大的蚊子！识字的先生悻悻然走开，大家左右端详乌鸦大的蚊子，终于莫明其妙……对面摆着'缠足之害'的泥物。啊呀！看这里小脚的！看，看，看那小裹脚条子，还真是条小白布呢！看他小妞子哭的神气，真像啊！"[33]展品的橱柜设置上也考虑了观者的需求，"尺寸均极适度，无过高过低使人观览不便者。"[34]虽然广智院的展品丰富，但其设计又高估了参观者的认知水平，时人在参观调查后，也指出其各展品并无详细的解释说明牌及专门的讲解员之不足，不利于参观者理解，"一般民众即不知其陈列者为何物，更不易了解其意义。"[35]不可忽视的是，作为西方舶来品的博物馆，本身就是西方文明、科学的象征，民众在此参观，分享公共资源，需要遵守院内规则、有序排队，理性对待按西方科学分类编目的展品，这对提高国民素质大有裨益。

除常规展览外，针对当时中国民众缺乏公共参与精神的弊病，广智院作为市民公共活动的重要空间，还经常组织专题展览，吸引民众的公共参与热情，增长见闻。如农村事业展览会、卫生展览会及宗教教育展览会，即是其主题展览的重要内容。1929年5月，为适应当时乡村建设热潮，广智院与金陵大学农村事业推广部，山东大学农科养桑部联合举办了为期12天的农村事业展览展览会。展出内容专注农村事业的改良与发展，展示穿井、灌溉等新近农业进化之方法，并有选种、治虫、防治水旱灾、种作方法的实物和图形及养鸡、养蜂等农村副业的图片，皆通俗易懂，便于普通民众认识了解。济南当地的公司也加入此次展览会，"如济南合众养蜂场曾备养蜂各种用具，并特制一最新式的玻璃蜂箱，蜜蜂在内工作情形，游人可得随便观瞻。又如卜内门公司之肥田粉部、慎昌洋行、农业器具部，亦皆加入展览物品，有益农业者实多。"[36]其间针对民众需要，广智院请农业专家特别讲演各种问题如乡村教育、将来的农村生活、蚕桑问题、农村的组织、造林的利益、农业改良与合作社、儿童教育、

33　老舍：《广智院》，《华年》1932年第1卷第38期，第751页。

34　华学涑、李详著：《调查山东广智院报告》，《直隶省商品陈列所月报》1917年第2年第5号，第4页。

35　梁容若：《济南广智院调查记》，《民众教育月刊》1932年第3卷第3期，第83页。

36　王梓仲：《济南广智院之近况》，《中华基督教会年鉴》第11期，中华全国基督教协进会，1931年，第116页。

公共卫生、女校对于社会的改造、小学与中国农村的将来、家庭副业问题、改良农具等，"与随时之解说具分送关于改良及防治方法，数种单篇说明，因此记名订阅农报，欲求农业改良者大有人焉。"[37]而展览会也吸引了四乡民众前来参观，"全会前十日为各界展览日，参观人员共计四十万徐，末二日特请济南各校观览，学员共计四千有余。"[38]此次展览会获得成功后，因当时中国民众公共卫生意识淡薄，广智院还于1930年与齐鲁大学医学院合作举办了卫生事业展览会，邀请齐大医科师生进行卫生知识讲说，展览西方卫生图片与模型，晚上则放映幻灯片与电影。此次展览会也吸引了许多民众参观，以致展览大厅都容纳不下。"在8天对公众开放时间内参观者达到4万人，而在单独对学生开放的3天中，前后有7千名学生参观。"[39]作为教会博物馆，广智院还常举办宗教主题的展览会。1931年春，广智院为响应全国基督教协进会发起的"五年奋进布道运动"所倡导的推进宗教教育开展，还特开办宗教教育展览会。此次展览会持续一周，主要陈列家庭崇拜用的对联祷文、儿童看的耶稣生平画书、主日学教材、宗教剧本、大型宗教图画等，由齐大学生义务为观者解说。展览会还在晚间上演基督教的幻灯片与电影，并由民众学校学生演出宗教剧，使得展览会充满浓厚宗教气氛，参观者也多是教徒。此后，广智院还经常举行类似展览会，参观者数以万计，在当地社会产生了广泛影响。

广智院举行的常规及主题展览，将教育性与娱乐性相结合，开启民智，传播知识，民众在此接触难得的对日常生活、生产有用的知识与西方先进文明，进而吸引民众积极参与公共活动，成为新型的公共活动平台。当然，展览所展出的西方各类农业、卫生模型知识，在中国当时的落后社会条件下，仍是难以实现。如当时参与主办卫生事业展览会的广智院工作人员王梓仲也认为展览会："完全是照抄英，美的生活方式，所提倡的卫生办法，普通家庭根本办不到"[40]。

37 济南广智院编刊：《农村事业底稿》，济南，1929年。转引自赵晓林：《故纸中的老济南》，济南出版社，2009年，第107页。

38 魏礼谟：《济南广智院农村事业之经过》，《兴华》1929年第26卷第25期，第28页。

39 Shantung Christian University Bulletin,No.75,1929-30,p.38 *Shantung Christian University, Archives of the United Board For Christian Higher Education in Asia ,Roll 263, Yale Divinity School Library,1982.*

40 王梓仲，《济南广智院忆旧》，中国人民政治协商会议山东省委员会文史资料研究委员会编：《文史资料选辑》第16辑，山东人民出版社，1985年，第117页。

第三节　宗教空间：撒播福音

基督教自通过不平等条约在中国获得合法传教权后，受中西文化碰撞、民教冲突等多重因素影响，始终面临重重阻力，中国民众对"洋教"抱有强烈的抵触情绪，传教士建立的教堂也经常遭到民众破坏。济南作为山东首府，在义和团运动前的官绅抵外情绪尤为强烈，浸礼会一直试图开辟济南教区，久未如愿。时有教会刊物评述："济南府是帝国最为保守的城市之一，对所有外国的事物深恶痛绝，外国人与中国官吏之间没有任何交往，一般人则表现出相当的敌视态度。"[41]义和团运动之后，民众对基督教日益接受，教会与政府之间关系也日趋缓和。省府济南官绅、考生众多，浸礼会一直试图影响上层人士改变对教会看法，进而通过他们影响民众，因而更加重视博物馆在改善民教关系中的作用。正如浸礼会传教士卜道成（J. P. Bruce）提及可以通过广智院的宣传，来削减中国知识分子对基督教的敌对态度，从而减少中国社会中最强烈的反基督教势力，以达到"上行下效"的成果，其曾言："中国有学问的人对于我们有敌对的态度，简单的原因在于没有听到真理的福音……如果要消除他们对我们的敌视，就必须让他们听到我们所带来的信息。"[42]

英国浸礼会在济南开辟教区后，怀恩光于 1907 年在济南南关建立了容纳 500 人的礼拜堂，作为教徒活动场所。但当时民众仍对基督教怀有戒心，教堂对普通民众生活影响甚微，只有少数信教人在此礼拜、聚会。在此形势下，同处于南关的广智院以其新颖性，成为吸引民众入教的重要场所，故充满浓厚的宗教色彩。作为新型公共空间，广智院在馆内布局上充分考虑宗教性，其在大门前以木牌特书："本院以宣扬天道，发挥真理，促进社会教育，养成国民公德为宗旨。"[43]展览厅除了有教堂、救济院、学校以及其他直接体现基督教作用的展品外，还挂有大量写有《圣经》句子的条幅和宗教图片，保证民众可以接触到基督知识。但它又不同于其他教会博物馆的先听道而后参观，而是在整个展览大厅内不设休息的地方，只在讲道所内设休息长椅，并在讲道所内用留声机播放京剧与西乐招引游人。待游人好奇而闻声在此歇息聚集时，布道员即开始讲

41　*David D. Buck, Urban Change in China: Politics and Development in Tsinan, Shantung, 1890-1949*, Wisconsin: University of Wisconsin Press,1978, p.32.

42　J. P. Bruce, "Our China Missions, Chi-nan-fu", *The Chinese Recorder*, October 1904, p.500.

43　梁容若：《济南广智院调查记》，《民众教育月刊》1932 年第 3 卷第 3 期，第 84 页。

道。"每日于午前九点至午后四点，在内布道讲毕兼售福音书籍"[44]，每次布道约为 20 分钟或半小时，每隔两个小时布道一次。讲道的内容因听众而别："（一）若是听众中有比较多的青年学生和知识分子，则从展览品讲起，说明欧美富强是因为他们都是基督教国家，都是信耶稣的。（二）若听众大部分是乡间农民，则讲天堂与地狱，讲信教的得救、死后上天堂等等。（三）若是听众中市民多，则讲英美的生活方式，讲生活是多么美好、多么富裕。"[45]因听道者渐多，齐大神学院师生周日也常来帮忙，当容纳 200 人的讲道所空间不足时，会改在容纳 600 人的大礼堂布道，后又将礼堂扩建到能容千人以满足演讲需要。值得注意的是，即使在广智院的阅书报室，其中的收藏的基督教书刊比例也甚多，售书处也全部出售宗教书籍，这也无形中对观者的阅读施加宗教影响。据怀恩光 1913 年观察报告，"一次阅书报室有 10 名读者，就有 5 名在翻阅基督教报刊。"[46]

　　出于传播福音的本质目的考虑，广智院对于讲道十分重视，并有考勤制度，如每次布道有多少听众，每星期内有多少人讲道，有多少人记名，每年共讲多少次，都一一记下，每月汇报给院长。随着民国宗教信仰自由政策推行，民众对基督教敌意日渐消退，听道人渐多。广智院每日布道三至八次，"1912 年，共布道 931 次，每次听讲人数 40 人到 200 人不等。"[47]对于乐意研究基督教的听者，讲道后会有专门的谈道人与之交谈，经过数次交谈而愿意记名入教者，则将其介绍于相邻的南关教堂的牧师。广智院的布道也起到了一定效果，据报告："1912 年时，已有 40 名观者，在广智院的帮助和感化下成为教徒。"[48]清末民初的济南，每年都有定期的大集市、庙会的举行，此时也是广智院参观者尤多时期，逛院成为民众习俗，广智院也利用观者增多的时机进行布道。如 1913 年春节庙会期间，香客也大都顺路参观广智院，"有 29000 朝拜的香客来广智院听道。"[49] 1920 年，在济南南关传统的大集市举行时，"广智院

44　齐鲁大学编刊：《山东济南齐鲁大学章程》，济南，1926 年，第 101 页。

45　王梓仲：《济南广智院忆旧》，中国人民政治协商会议山东省委员会文史资料研究委员会编：《文史资料选辑》第 16 辑，山东人民出版社，1985 年，第 110 页。

46　J. S. Whitewright, "Evangelistic Work in China", *The Chinese Recorder*, May 1913, p.273.

47　J. S. Whitewright, "The Tsinanfu Institute", *The China Mission Year Book*, Shanghai: The Christian Literature Society for China ,1913,p.150.

48　《广智院来往信件》，山东省档案馆藏：私立齐鲁大学卷宗，档案号：J109-01-122。

49　J. S. Whitewright, "Work of the Tsinanfu Institute", *The China Mission Year Book*, Shanghai: Christian Literature Society,1915,p.541.

进行了 284 次布道演讲，售出 4060 册福音册子。"[50]专门面对士兵开办的军界广智院，宗教活动也是必不可少的活动内容，"每周日，在广智院都有圣经班、祈祷聚会及布道演讲，有不少士兵参加。"[51]军界广智院也定期举行布道，"1922年，全年布道 264 次，听者大多为士兵与市民。"[52]除专门针对军界的布道外，若有官员或是地位高的听众对基督教有兴趣时，则会被请到院长室由院长与之单独交谈，这也体现了广智院开办的初衷。而在参观广智院的民众中，听道的人数也占相当比例，并有部分听众购买了福音册子。据齐鲁大学社会学系 1924年编写的《济南社会一瞥》调查，"来广智院的人们，60%的有过聆听福音的经历。"[53]又据 1927 年广智院报告，"在参观者中的百分三十到四十曾听布道，当年售出 6000 本福音书。"[54]到 1933 年，"在 439746 名观者中，有 141512 名停留听道，其中不乏汉族士兵。"[55]1937 年，抗战全面爆发后，济南沦陷，前来参观人听道有所减少。但据记载，"1939 年，仍有 7 万人听道。在听完道之后，部分人停下购买基督教册子，当年共卖出了 2550 本小册子，另从书店出售了 20本圣经。"[56]而部分虔诚的听众在听道后，还在自己的邻居、朋友等生活圈中宣讲福音。据广智院 1939 年报告称，"有位时姓的中年男子在听道后，即向邻居布道，并将自己的家作为慕道者的聚会中心，还计划筹建一处礼拜堂。"[57]抗战胜利后，浸礼会继续接收开办广智院，时虽受国共内战影响，但布道仍正常举行。1947 年，"在十一周的时间内，有 26 万人参观广智院，其中 6 万人听道。"[58]由此可见，广智院不仅在传播科学知识，也是撒播福音的重要公共平台，成为比单纯布道的教堂更为有效的城市宗教空间。同时，由于广智院紧邻浸礼会的

50　《广智院来往信件》，山东省档案馆藏：私立齐鲁大学卷宗，档案号：J109-01-122。

51　*One Hundred and Thirty-Second Annual Report of the Baptists Missionary Society*, London: The Mission House,1924, p.53.

52　*One Hundred and Thirty-First Annual Report of the Baptists Missionary Society*, London: The Mission House,1923,p.38,

53　郭大松译编：《中西文化交流的先驱和桥梁：近代山东早期来华基督新教传教士及其差会工作》，人民日报出版社，2007 年，第 263 页。

54　Shantung Christian University Bulletin,No.67,1927-28,p.23. *Shantung Christian University*，*Archives of the United Board For Christian Higher Education in Asia ,Roll 263, Yale Divinity School Library,1982.*

55　*One Hundred and Forty-Second Annual Report of the Baptists Missionary Society*, London: The Mission House,1934,p.18,

56　"Tsinan Institute", *The Chinese Recorder*, August 1940, p.535.

57　"Evangelism in the Tsinan Institute", *The Chinese Recorder*, May 1940, p.335.

58　*One Hundred and Fifty-Fourth Annual Report of the Baptists Missionary Society*, London: The Mission House,1948, p.29.

南关教堂，因其传播福音所起的特殊作用，"部分对基督教感兴趣观者也进入教堂参加宗教活动，阅读宗教书籍，同布道员谈心，曾经一月时间内到教堂观者达 3 千人次。"[59]然而，每年在广智院听道的人数众多，但因之入教者却是少数。据魏礼模 1937 年所作调查报告，"由于广智院开展的广泛工作，每年吸引 10 到 12 名信徒受洗加入教会。"[60]

除了专门的布道演讲外，广智院每周还定期邀请中外名流在大礼堂举行数次常识演讲，所演讲的问题，多是关于宗教人生、科学、卫生等内容，社会各界人士参加者颇多。如在 1906 年，邀请登州文会馆创始人——美国北长老会士狄考文（C. W. Mateer），"为山东官员作了'中国当前对基督教的需要'报告，某官员还特意要了演讲稿，并允许在民众中散发。"[61]1909 年，美国传教士明恩溥（Arthur Smith）在广智院为学生与官绅分别作了英国历史与中国改革前景的主题报告。而此类演讲，不同于单纯的宣讲教义，而是将宗教与社会现势需要相结合，在无形中向听众宣传了基督福音。待演讲以后，还有两班查经，一班是英文，一班是汉文，以达到传教的目的。广智院还专为妇女开礼拜讲演会，"灌输她们真宗教精神，培养她们应有的常识，增进她们的智力，提高她们的程度。"[62]

为达到宣传福音的目的，广智院还专门设有《圣经》陈列室，以体现其与教堂相同的宗教空间功能。该室陈列世界各种文字版本的《圣经》，"壁上有真神之名译成十五国文字图，圣经译成各国文字样式共计 464 种"[63]，尤其还陈列有曾呈慈禧太后御览的特大号的金边皮面的汉译《新约圣经》。日军于 1941 年底占领广智院后，"各种版本圣经被移交给中国教会保护，以防日军损坏。"[64]而礼拜也是广智院每周日的常规宣教活动，除了上午的教徒日常

59　Anges S. Ingne, "The Extension Department of the Shantung Christian University", *The China Mission Year Book*, Shanghai: Christian Literature Society,1925,p.296.

60　H. R. Williamson, "Evangelistic Work in China Today", *The Chinese Recorder*, May 1938, p.223.

61　J. S. Whitewright, Tsinan Institute, *The China Mission Year Book*, Shanghai: Christian Literature Society for China ,1910,p.70.

62　亓瑞符：《齐鲁大学社会教育科广智院概况与其将来计划之报告》，《中华基督教会年鉴》第 8 期，中华全国基督教协进会，1925 年，第 135 页。

63　梁容若：《中国创办最早的一个博物馆——广智院》，《教育与民众》1932 年第 3 卷第 7 期，第 1467 页。

64　H.R. Williamson, *The Christian Challenge of the Changing World: Reports of a Secretarial Visit to China, India and Ceylon, with Recommendations on the Work in All Our Fields, 28th September, 1945 to 28th April, 1946*, London : Baptist Missionary Society, 1946,p.32.

礼拜外，晚间还有影灯礼拜，又分为孩童礼拜与成人礼拜，其间活动多是诗歌、祈祷，演讲，放映耶稣言行影片等。其中，成人礼拜来参加的大半是商界和劳动界人，都非基督徒。"每次来五六百人，都是兴高采烈，很有活泼精神。"[65]为方便学生的宗教生活，广智院在周日另有齐大学界的礼拜，在午后3时举行。此类宗教活动的多样性，也保证了参加者不因单纯祈祷礼拜而厌倦，可以最大程度达到他们接受福音的目的，"在 1925 年即有 13864 人参加了影灯礼拜。"[66]清末民初妇女的生活相对单调，在参加广智院的宗教活动后，更容易对基督产生兴趣，据怀恩光所述:"有一位来广智院参观的人邀请传教士的妻子到她家里办一个圣经班。这位传教士的妻子每隔几天到这家人家里去，那里有时集结了 30 名妇女在一起互相交谈和接受指导。"[67]而广智院也有专门的妇女接待室，由怀恩光夫人等对妇女进行宗教指导。当然广智院的宗教宣传活动，也遭到部分国人尤其知识分子与青年学生的反感与抵制，这在非基督教运动时期尤为明显。据传教士报告，"1925 年时，少数济南公立学校学生，经常扰乱广智院举办的布道及聚会活动，在现场散发反帝传单。"[68]

英国浸礼会通过在山东多年传教认识到，若单纯进行宣教，在中国社会很难被接受，但将宣传福音与教育活动相结合，却能收到良好效果。为此，广智院办有儿童主日学、幼童协修会与成人协修会等辅助组织，这也是其区别于其他单纯只组织展览的教会博物馆的特点之一。为从小培养儿童的宗教意识，儿童宗教教育是广智院的一项重要的教育活动，主要在礼拜日招集邻里及教徒家儿童，为其安排全天的活动。其中，当日上午为主日学，由当时的广智院总干事王梓仲及齐鲁大学神学院师生主理，分班广为教授圣经故事、绘画等，"男女学生到者有百余人，颇受地方社会欢迎"[69]；下午则为幼童协修会，由齐大神学院承办，分高级低级两组，包括唱歌、游戏、童子军训练、清理卫生等活

---

65 亓瑞符:《齐鲁大学社会教育科广智院概况与其将来计划之报告》,《中华基督教会年鉴》第 8 期，中华全国基督教协进会，1925 年，第 134 页。

66 Shantung Christian University Bulletin,No.54,1925-26,p.31 *Shantung Christian University, Archives of the United Board For Christian Higher Education in Asia ,Roll 262, Yale Divinity School Library,1982.*

67 R. C. Forsyth, *Shantung ,the Sacred Province of China in Some of Its Aspect* , Shanghai: Christian Literature　Society,1912,p.314.

68 *Shantung Christian University Bulletin,* No 54, 1925-26, p.30. *Archives of the United Board For Christian Higher Education in Asia ,Roll 262, Yale Divinity School Library,1982.*

69 《主日学服务之活跃》,《鲁铎半年刊》1930 年第 2 卷第 2 号，第 118 页。

动。"赴会之男女幼童，每星期平均有百三四十人，分七班教授之"[70]；晚上进行文艺活动，多为放映宗教性质的电影和幻灯片。1930 年，济南青年会还与广智院合办了夏令儿童主日学校，为期六周，以对儿童集中实行宗教教育。当时学校课程主要开设圣经故事、卫生、唱歌、图画、手工等，另有游戏、童子军训练、颂诗、演戏等各种活动，以满足儿童学习兴趣。"广智院的夏令儿童主日学共有儿童二百多人，共分十六班，学生是附近的儿童与已经上小学的男女小学生。"[71]然对于儿童宗教教育的成效，却因"本处儿童未受教育者，占居多数，故服务员等虽竭力启迪，亦不易立见功效。"[72]考虑到济南市民的娱乐与修养，广智院还于 1930 年特地组织了成人协修会，成员主要为本地基督徒，也有普通市民参加，以联络友谊，宣扬主道。协修会每星期开会三天，会员除了游戏娱乐外，每周二还开查经班，周日则有宗教讲演，灌输宗教知识，"俾各会员都有渐渐归主之决心"[73]。1946 年，广智院又开办了广智幼稚园，由女基督教徒孙秀贞等负责，并附设妇女识字班，借机在儿童与妇女中传教。而这类带有宗教色彩的主日学与协修会等组织，除了宗教上的熏陶外，也为民众提供了难得的娱乐与道德修养的机会。

济南广智院通过展览、教育等丰富多彩的活动，吸引了众多民众参观，时世界续行委办会主席穆德（J. R. Mott）参观后曾言："余游遍天下而未见有比广智院更佳之机关能与民众接触者"[74]，这也为布道提供了机会。广智院以展览为平台，借机宣教，此类宣教与教育相结合的活动，对民众了解教义，进而笃信确有非同凡响的特殊效果，相对于早期的单纯街头布道，可谓是针对中国特殊国情的有益宣教尝试，体现了其新兴公共空间的宗教性特色。"广智院试图创造一种新气氛，一种利于基督教发展的环境，开辟一条福音传道的新道路。"[75]因此，广智院实为当时面向普通民众布道的绝佳场所。而广智院开展的宗教教育活动将知识与布道相结合，考虑了中国国民素质的特殊国情，满足了精神生活极度空虚的民众需求，也部分达到了其传教的目的。

70 王梓仲：《济南广智院之近况》，《中华基督教会年鉴》第 11 期，中华全国基督教协进会，1931 年，第 118 页。

71 王梓仲：《济南广智院忆旧》，中国人民政治协商会议山东省委员会文史资料研究委员会编：《文史资料选辑》第 16 辑，山东人民出版社，1985 年，第 113 页。

72 《主日学服务之活跃》，《鲁铎半年刊》1930 年第 2 卷第 2 号，第 118 页。

73 《热心服务成人协修会》，《鲁铎半年刊》1930 年第 2 卷第 2 号，第 119 页。

74 王梓仲：《济南广智院之近况》，《中华基督教会年鉴》第 11 期，第 116 页。

75 《广智院来往信件》，山东省档案馆藏：私立齐鲁大学卷宗，档案号：J109-01-122。

　　济南广智院作为民国时期较早建立且具有较大影响的综合性博物馆，就其规模与藏品数量而言，在当时的中国居于前列，"驰名于全中国，并声名于中国外"[76]。毋庸置疑，在清末民初济南民众对新兴知识日渐渴望的背景下，广智院作为新型公共空间，陈列各种模型、标本、绘画、图表，开展各种演讲，在介绍科学知识，灌输普通常识，宣传农林新法，促进卫生事业等方面发挥了特殊作用，极大影响了市民公共生活。在当时山东传播媒介十分有限情况下，广智院通过展览向社会各界宣传了西方文明科学，成为普通济南民众开拓眼界与视野的难得场所，对于破除民众的偏见与无知，创造友善氛围有深远影响[77]，也是近代济南城市公共空间拓展的体现。如明恩溥在参观广智院后也对其给予高度肯定："若济南广智院，尤易令人进步，每年游览者约有二三十万人，人民藉此开化者不可胜计。"[78]此外，广智院作为当时有鲜明特色的教会博物馆，其房舍建筑、展品布置、日常管理等方面的先进理念，也为当时中国各省市博物馆的建设提供了良好经验。1921 年，天津的广智馆即是仿效广智院而建。爱国华侨陈嘉庚在 1949 年参观广智院后，深受包罗万象的模型启发，遂在家乡厦门集美投资建成鳌园与华侨博物院。当然，当时大多中国本土博物馆只是对作为舶来品的西方博物馆进行借鉴，馆内展品仍是以中国传统历史文化为主，在当时呈现出两种不同特色的博物馆风格。

　　不可否认，英国浸礼会兴办济南广智院的初衷是扩大教势，"阐明耶稣教为立身立家立国之本，并足以改良社会促进文明"[79]，通过建立博物馆接触民众，传播福音，而博物馆因其展览的独特性也不失为布道的良好场所。王梓仲尝言："本院之种种工作，无非欲实现耶稣基督之嘱咐，使人人归主，对上帝有真确的认识，对救主有无限的了解，对人生有彻底的觉悟而已。"[80]作为新型的公共空间，广智院通过展览为平台，吸引了济南及周边的社会各界前来参观，为布道提供了绝佳的机会。不可否认，部分参观者通过广智院的展览及布道改变了对基督教的看法，进而信教者亦不在少数。但是更多的参观者入院参观，乃是出于对馆内展品的好奇心，而对福音宣传的接受程度甚低，并未如教

76　吴立乐编：《浸会在华布道百年略史》，美华浸会书局，1936 年，第 167 页。

77　"Tsinan Institute", *The China Press*, Dec 19,1929, p.30.

78　明恩溥：《圣教来华流行之进步》，《中华基督教会年鉴》第 1 期，商务印书馆，1914 年，第 9 页。

79　齐鲁大学刊印：《民国十年最近改正齐鲁大学章程》，济南，1921 年，第 102 页。

80　王梓仲：《济南广智院之近况》，《中华基督教会年鉴》第 11 期，中华全国基督教协进会，1931 年，第 118 页。

会所愿达到传播知识与福音双重目的。时人对广智院借展览推动布道时也说："宗教的信仰与科学的观察实验，二者的途径本殊，故借博物院宣明教义，其事似迂曲而少功"[81]。当然，广智院作为西方教会博物馆，仍不自觉在展示西方文明的优越性，不可避免存在对中国文化偏见，其展示的西方先进文明，在当时动荡的中国，很难被运用的具体改良社会的实践中，大多仅限于启迪民智、开阔视野层面而已。

---

81 梁容若：《济南广智院调查记》，《民众教育月刊》1932年第3卷第3期，第84页。

第十六章　冲突与缓和：从英国浸礼会看近代民教关系演变

　　鸦片战争后，基督教传教士随着不平等条约的签订而大规模入华，但面对中国民众敌视，传统宗教、民族主义等诸多因素影响，其传教过程也势必波折，但也根据所遭境遇不断调适，逐渐融入中国社会，民教关系也不断变化。目前学界对于近代民教关系的宏观论述较多，但是甚少以差会个案来考察民教关系的演变。英国浸礼会自 1845 年到浙江宁波传教，但效果不佳，后主要在山东、山西、陕西一带活动，在华活动长达百余年。而且该差会经历的民教关系比较典型，既有早期李提摩太的中国化尝试，又有义和团运动中遭受的重创，有较强的代表性。故本章将以英国浸礼会为考察对象，关注其在传教过程中所遇到的种种困难，关注该会在晚清、民国时期的民教关系的演变过程，以求对基督教与近代中国社会的关系有所认识。

第一节　民教冲突下的英国浸礼会

　　基督教传入中国后，地方民众出于朴素的爱国主义情结及盲目排外情绪，同时因少数传教士在中国的非法行径，及在民众中以讹传讹的关于传教士"挖心割肺"等谣言，导致其对外国传教士怀有根深蒂固的偏见，激化了民教冲突。他们不理解传教士来华传教的真实目的，认为传教士也是西方国家侵略中国的帮凶，加之传统中国文化中的"非我族类、其心必异"等说教的影响，对传教士在华的种种善举往往认为是图谋不轨、动机不纯。当时民众多称传教士为"毛子"或"洋鬼子"，称教徒为"二毛子"或"二鬼子"。

　　近代传教士来华后，坚守基督教的一神性信仰，对其他信仰进行了排斥抵制，这与近代中国乡村社会存在的多神信仰产生了直接冲突。传教士严格约束教徒的日常宗教活动，只准他们信仰耶稣，而不能参与祭祀祖先、迎神赛会及信仰其他宗教神灵的行为，这自然也引起地方士绅及民众的反感。而且传教士还提倡上帝面前人人平等及男女平等的观念，特别是其倡导妇女放足及男女信徒一起礼拜等所谓"伤风败俗"的行为，这也挑战了乡村士绅的权威及传统的封建男权秩序，导致士绅往往成为反教的主事者。当然李提摩太等部分来华传教士却主张尊重祭祀祖先等中国传统礼仪，认为中国人祭祖并非偶像崇拜，而是定期表达对祖先孝心的正常行为，传教士不必干预或反对。而且来华基督教也逐步改革教会礼仪，对教徒的各种祭祀、迎神赛会等活动采取折中态度，企图缓和民众反对情绪，但却仍未获得民众认同。

　　英国浸礼会自入中国传教之后，与其他来华新教差会一样，面临着当时中国人的严重敌视，甚至导致教案的发生。如1868年，"浸礼会传教士骆腓力接受了栖霞教徒张旭、张宾两人盗捐张氏公产水甫庙地7亩，做传教布道之所，并设立讲堂义塾，结果引发了栖霞教案。"[1]张氏族人状告县衙，"栖霞县令当查英国条约原有准其在各口地方租地盖屋之条，并无由中国民人捐地与外国人管理之语"[2]，将二张笞责并关押，结果骆腓力（F. Laughton）鼓动英国驻烟台领事阿查理（Chaloner Alabaster）大闹县衙，并乘夜劫走张氏两人。后经英国驻华公使阿礼国（Rutherford Alcock）与清政府交涉，英国领事交回二张，东海道则为英传教士租地，才了解此案。再如李提摩太在1872年也曾试图在宁海租房子定居，但遭到当地民众强烈反对。当时，"谁想把自己毁掉、去给洋鬼子抬轿"这首诗，在宁海的大街小巷传唱，煽动了民众对洋人的仇视。李提摩太当时描述道："我的行动又招致了更多的羞辱。当我散步时，会有一大群孩子和一些成年的地痞恶棍跟在后面，高喊：洋鬼子！洋鬼子！所有形容魔鬼的字眼都加到了我身上。他们向我投掷碎石和土块，晚上则借夜色掩护，溜到我的大门口，在门上涂上各种污秽肮脏之物。"[3]李提摩太在此形势下，被迫无奈退出宁海，后转赴内陆的山东青州府传教。由于西方传教士的长相与中国人截然不同，李提摩太来青州初期，常有民众围观看他，不得已穿起中国人服

1　山东省志编纂委员会：《山东省志》宗教志（征求意见稿），1992年，第100页。
2　王守中、廉立之主编：《山东教案史料》，齐鲁书社，1980年，第88页。
3　李提摩太著，李宪堂、侯林莉译：《亲历晚清四十五年》，天津人民出版社，2005年，第37页。

装、扎辫子，人们才当他正常人看待。即使李提摩太来青州传教租房，也遇到当地退休知县的阻挠，在州府司库作保才成行。当时地方政府官员对于传教士也是采取两面政策，表面上不鼓励民众排外，暗地却限制传教士活动，万不得已才出面保护传教士。如李氏在青州时，"惟不为官吏所喜，乃流言污蔑，且鼓动风潮，且复从而恐吓之。"[4]丁戊奇荒期间，李提摩太建立了孤儿院，当地士绅却说他诱拐儿童，阻挠其开办。李提摩太被迫请求知府解决，知府衙门的公告被张贴在城墙上。公告说，"凡收留在饥荒中失去父母的孤儿的人，都是有助公益的慈善人士，理应受到众人的尊敬。任何人倘若居心不良，传播谣言，将严惩不贷。"[5]当时，青州民众排外情绪十分强烈，传教士仲均安1877年来青州后，觉得城中排外情绪过大，就搬到离城十来里的一个村子。但"那个村子居民声言要焚烧他屋子，他打水的井也被撒上毒药，门口也被彻底杜塞了，周围乱抛石块像雷雨一般打在墙上、门上、窗上。"[6]由此可见，浸礼会来华传教之初遇到的阻力之大，当地民众利用各样办法阻止传教士传讲，并驱逐他们离开。

尽管传教士本着传播福音目的在中国活动，但他们毕竟是依靠不平等条约而进入中国传教，并享受治外法权等种种特权，加之少数传教士干预地方词讼，庇护涉案信徒，故民众对传教士的整体印象不佳，导致民教关系恶化。李提摩太在1891年给浸礼会总部报告中也提到民教不和原因："传教士在中国之所以尤其被厌恶，在于他们掌握很多特权，传教士还认为民众成为基督徒后，也将会完全被外国控制与保护。"[7]对于传教士依靠不平等条约传教的影响，两广总督陶模曾对李提摩太说过："夫中外开衅，特以通商之故，与教无预，惟传教之约，即因兵事而立，于是中国民人以为外国传教特以势力相驱迫，而疑畏之心遂生。"[8]由于中西文化的冲突，特别是部分中国教徒不再祭拜祖先，且依靠传教士的庇护在乡村为非作歹，进一步增长了中国人对传教士的对抗情绪，从而导致了教案的层出不穷。正如浸礼会传教士敦崇礼（Moir Duncan）所言："官场既不能一视同仁，士民即以为非我族类，谤教之言流播各省，故

---

4 李提摩太夫人译，梅益盛增订：《教士列传》，广学会，1921年，第129页。

5 李提摩太著，李宪堂、侯林莉译：《亲历晚清四十五年》，天津人民出版社，2005年，第67页。

6 吴立乐：《浸会在华布道百年略史》，浸会书局，1936年，第162页。

7 *The Annual Report of the Baptists Missionary Society,* London: The Mission House, 1892,p.64.

8 李刚己：《教务纪略》卷4，文海出版社，1988年，第256页。

仇结日深。又因中国风俗不同，不尚实学，坐待偶然之祸福，惑溺风水，成仙学佛、赛会、迎神等事为教会所不尚，故教会之言之书闭目不观，目为异端，而口舌争端皆由此起。"[9]虽然民众对浸礼会传教比较排斥，但相对于在华天主教相关的教案频发，与浸礼会有关的教案相对较少。值得一提的是，1895 年秋，李提摩太等十余名传教士为了防范教案，还专门通过总理衙门上书光绪皇帝，提出《永息教案策》，希望禁止污蔑教会之书，各处官绅与传教士致力合作改革，"无论官民，如愿入教，悉听其便"[10]。

早期来华传教士因民教冲突激烈，直接布道效果不佳，故为打开传教局面，通过免费入学、免费看病等方式来吸引民众入教。如浸礼会医学传教士武成献认为："通过医学治病救人，提供医疗帮助，绝大多数人开始不再怀疑传教士的动机，相信传教士的善行，尊重传教士发布的信息，由此大批病人入教也就不足为奇了。"[11]因此在教会学校、医院提供的热心服务下，加之里面的浓厚宗教气氛，也有部分学生、病人入教。特别是传教士通过灾荒救济来取得民众的好感，从而信仰基督教。李提摩太在山西的赈灾，也赢得了当地民众的感激与拥戴。灾荒后，当地灾民要送李提摩太一顶"万民伞"作为礼物，上面写着心存感激的灾民的名字，但被他以花费过大为由婉拒。部分民众甚至要了要了李提摩太等人的照片，供奉在庙宇里敬奉。而平阳府的学者们则给李提摩太立了一块石牌，铭记了他所做的贡献，上面却刻着他们得出的这个结论："唯吾皇万岁，思被群生，光播四海。荒天僻野之民，咸来投诚，共舒民艰。"[12]英国领事向国内汇报山西赈灾说："李提摩太在中国各等人中间远近闻名，大为他们钦仰，可以说是赈灾的领袖，但当时他们的声誉很好，若有一个人从有认识他们的村镇走过，便可立即发现出他们所受的敬重来。"[13] 因此，当地民众开始愿意了解基督教，并有部分民众入教。作为救灾的直接结果，李提摩太在"丁戊奇荒"后发现青州府"在每个受灾地区的中心都设立了主日学校，并有中国基督徒在此听道，背诵教义问答书与赞美诗歌。一年之内，就有两千多名

---

9 乔志强：《义和团在山西地区史料》，山西人民出版社，1980 年，第 127 页。

10 李提摩太等：《永息教案策》（续），《中西教会报》1896 年第 2 卷第 5 期，第 2 页。

11 郑树平主编：《跨越百年时空——山东省益都卫生学校 120 年校庆文集》，山东大学出版社，2005 年，第 41 页。

12 苏慧廉著，关志远等译：《李提摩太在中国》，广西师范大学出版社，2008 年，第 98 页。

13 吴立乐：《浸会在华布道百年略史》，美华浸会书局，1936 年，第 170 页。

对基督教产生兴趣者，在多个聚集地定期举行礼拜，遍及青州各地。"[14]英国浸礼会也借机在山西开辟了传教区，并在太原桥头街建立了第一座教堂。再如山东浸礼会教士还通过 1888-1889 年黄河水灾救济，获得了官民的好感，参与救济的怀恩光曾报告说："我们同当地官员的关系是令人满意的，附近的士绅也给予了我们有效的帮助。在我们离开时，民众对我们非常友善并充满了感激之情。"[15]1901 年，陕西传教士敦崇礼进行灾荒救济时，虽然当时民众排外情绪强烈，但"敦崇礼在赈灾中得到了从巡抚到县令的每位官员的合作，得益于慈禧太后的赞许。……由于他信赖尊重中国人，赢得了他们的认同，因而在发放赈款过程中，也没有排外的偏见。"[16]当然，民众对传教士只是因获得了利益而暂时性地产生好感，并未对基督教有根本认同，而且此时期也产生了很多所谓"吃教"的信徒，他们是出于各种功利目的加入基督教，真正的虔诚信仰基督教者不多。

第二节　义和团运动对英国浸礼会的冲击

义和团运动在山东兴起后，1899 年上任的山东巡抚毓贤公开支持义和团，导致拳民越来越多。由于各国对毓贤在山东的做法不满，慈禧太后被迫于 1899 年底把他调离山东，由袁世凯接任山东巡抚。袁世凯在山东安抚教民，镇压义和团，对传教士给予保护。在义和团运动中，英国浸礼会的传教士都被迫撤离至烟台沿海地区，但教会则经受了极为严峻的冲击，大量信徒财产被毁甚至丧命，许多人则放弃了信仰。"山东一村庄，有 27 人被杀，还有六口之家中五人被害，仅一女孩幸存。"[17]幸运的是邹平城里新建的小教堂，以及城外新建的医院和诊所那时还未竣工，在县令的保护下，没有毁于义和团之手。青州府的教产，也是虽遭抢劫，却未被毁坏，但"有 3 名信徒被杀，6 处布道站受到破坏，很多信徒四处逃离"[18]。1900 年 3 月，浸礼会传教士卜道成（J. P. Bruce）在临淄开设的艺学教堂，遭到当地富绅路振龙的率众闹教，"闯入艺学书房，

14　Timothy Richard, *Forty -Five Years in China :Reminiscences by Timothy Richard*, London: Frederick A. Stokes Company ,1916,p.106.

15　"The Report on the Shantung Famine", *The North-China and Supreme Court & Counsular Gazette*, Nov 22,1899.p.625.

16　尼科尔斯著，史红帅译：《穿越神秘的陕西》，三秦出版社，2009 年，第 91 页。

17　E.W. Burt, *Fifty Years in China*, London: The Carey Press,1926,p.50.

18　J.W. Ewing, *Experiences of a Missionary Refugee in North China*, London,1900, p.39.

摔坏器具，焚烧书籍"[19]，将教士与教徒赶出教堂，后袁世凯闻报后责令当地官员保护。从总体损失看，在该会的山东传教区，"浸礼会有 176 名中国教徒被杀，在所有在山东教会中最多。其教徒数目从 1900 年的 4177 人，减少到 1904 年的 3400 人。"[20]

由于义和团对外国传教士和教民的极端仇视，加上当时山西巡抚毓贤的纵容与排外，故山西教案特别严重。毓贤于 1900 年 4 月在山西上任后，便助长了义和团在山西的壮大。1900 年 6 月 27 日，浸礼会在太原东夹巷的医院、礼拜堂，房屋都被拳民焚毁，其中顾教士为救病人而被烧死。[21]7 月 5 日，城内的 30 余名外国传教士被毓贤以保护安全为借口，全部监禁于猪头巷客馆。7 月 9 日，"毓贤将以保护教徒为名而集中起来的 41 名天主、新教传教士、17 名中国教徒和已入狱的英国教师毕翰道（T. W. Pigott）一家七人，押至巡抚衙门署西辕门前处死，其中包括法辛（G. B. Farthing）等 8 名浸礼会传教士。"[22]而在忻州活动浸礼会铁克生（Herbert Dixon）等八名传教士于 8 月 9 日欲离开忻州，却遭到拳民的阻扰，在忻州城东门外遭到杀害。同时，忻州的中国信徒也遭到屠杀，计有男女老少共有 16 人，另崞县信徒因有一州官家丁保护，仅有 1 名信徒被杀。在浸礼会的代州传教区，教堂被义和团焚烧，教士逃散，教友 4 人被杀。[23]在浸礼会活动的繁峙传教区，也爆发了民众反洋教运动，烧毁教堂 1 座，教友被杀，"华教友合男女老少共死二十有二人。"[24]但对于浸礼会在山西各地教友死亡数目，说法不一，又据《忻州耶稣教浸礼（会）圣徒殉难碑记》记载："忻州、代州、崞县、繁峙教友、学友等，在各处先后被害者，男女共四十人。此英华信士之至死有忠心者也。"[25]而且山西官方还发出布告，令教民出教，"凡愿出教者，即为保护，并发给出教证，上印：奉官出教，即为良民"[26]，不少教徒为自保而退教，也有教徒到外地躲避。山西浸礼会经义和团大肆杀戮，"本会之教友、习友 126 人殉道。此外殉道者，外国宣教士长

19 中国第一历史档案馆编：《筹笔偶存》，中国社会科学出版社，1983 年，第 212 页。

20 刘天路：《近代山东新教差会》，《山东文献》1996 年第 1 期，第 49 页。

21 司米德：《教士遇难记》，美华书馆，1902 年，第 5 页。

22 J. Percy Bruce, Massacre of English Baptist Missionaries and others in Shansi, *The Chinese Recorder and Missionary Journal,* March 1901, p.133.

23 季理斐辑译：《庚子教会受难记》下卷，美华书馆，1901 年，第 43-44 页。

24 季理斐辑译：《庚子教会受难记》下卷，美华书馆，1901 年，第 47 页。

25 柴莲馥编辑：《庚子教会华人流血史》，文海出版社，1986 年，第 14 页。

26 张近衡：《山西浸礼会之经过及现状》，《真光杂志》1933 年第 32 卷第 5 号，第 53 页。

幼 16 人，亦同时遇难。"[27]义和团运动的爆发，给山西教务造成毁灭性打击，也导致了该会活动地区极度缺少传教士及中国布道人员，基督教活动几乎停滞。在山西活动的传教士叶守真（E. H. Edwards）曾对教会的损失如是说："那场灾祸卷走了其在山西的所有工作人员，虽然现在已经过去二年多了，但是只有一、二个人自愿去填补空缺。在这些空位被补上以前，几乎不可能走访教区外的地区，更无力向广大未占领的地区发展了。"[28]山西教案起因还在于基督徒信教后，毁坏神像，不参加迎神赛会、烧香等民间信仰活动，也激起了与当地民众的矛盾。敦崇礼在处理山西教案的善后时曾言："山西仇杀教中人如此之惨且多，亦因平日教友不肯出演戏，敬神之费之故，故演戏亦为山西闹教之来源。"[29]

在陕西传教区，当义和团运动兴起后，关中的部分农民也积极响应，给当地基督教造成了极大威胁。所幸陕西巡抚巡抚端方力主保教，"拒绝执行慈禧杀绝洋人的密令，提醒敦崇礼及其同事集中到西安，派兵护送全体教士安全抵达汉口。"[30]1900 年 9 月，因北京被八国联军攻占，慈禧太后携光绪帝逃到陕西，命端方出兵镇压了陕西关中地区的义和团，并下谕保教："现在陕西大兵云集，高陵、汉中及各处教堂，所有教士教民人等，该地方官务须格外认真保护，相安无事。倘有不法兵丁，在于教堂处所，滋生事端，定将该兵丁即行正法，并将该管带官及地方文武，一体从严惩办，决不宽贷。"[31]受此保护，陕西浸礼会损失较小，但教徒正常的教会生活也受影响。

八国联军侵占北京后，又进逼山西，形成了"联军压境，全省岌岌"之势。作为议和全权代表的李鸿章急电在上海的李提摩太来京协助清政府和平解决山西教案。山西巡抚岑春煊接受山西洋务局督办沈敦和的建议，通过上海道台及总理衙门也电请李提摩太来太原协商解决山西教案问题，"查李教士在山西放赈，颇得民心，如能速往筹商，必于调和民教有益。"[32]为此，1901 年 5 月，

27 李湧泉：《山西浸礼会》，中华全国基督教协进会编：《中华基督教会年鉴》第 11 期，1931 年，第 40 页。

28 叶守真著，李喜所等译：《义和团运动时期的山西传教士》，南开大学出版社，1986 年，第 186 页。

29 《教士敦崇礼条陈山西教案善后章程八条》，《外交报》1901 年第 1 卷第 1 期，第 9 页。

30 尼科尔斯著，史红帅译：《穿越神秘的陕西》，三秦出版社，2009 年，第 129 页。

31 《清德宗实录》卷 471，中华书局，1987 年，第 432 页。

32 《晋省耶稣教案无人可商希电催教士李提摩太速往（光绪二十七年三月二十九日）》，台湾中研院近代史所藏：《总理各国事务衙门档案》，档案号：01-12-073-08-012。

李提摩太由上海抵京，经与英美等国公使协商，并和基督教各会代表叶守真、文阿德（I. J. Atwood）等共同拟定《上李傅相办理山西教案章程》，后将其面交李鸿章。该章程主要内容为赔偿教会与教民损失，惩办匪首，为受害教民立碑纪念，对传教士以礼相待，罚山西赔款五十万两用于办学等七条。[33]李鸿章对这一章程表示赞同，而在1902年出任山西巡抚的赵尔巽曾在给朝廷的奏报也称"该总教士拟定章程七条，甚为平允"[34]。

此章程拟定后，李鸿章电令山西巡抚岑春煊迅速办理，然李提摩太此时并未应邀亲自赴晋，而是由在山西新教差会推选出英国浸礼会的敦崇礼及其他差会的文阿德、叶守真等八位传教士代表于1901年7月到达太原，与岑春煊商谈实施办法，而办法基本内容以李氏所提章程为参考。最终经多次协商，山西当局分别与各教会代表签订了"议结教案合同"。而与山西天主教会一味扩大索赔金额不同，新教各教会则适度减少了索赔金额，其中浸礼会教民财产共赔银三万六千两。[35]敦崇礼为预防教案，还专门提出了《条陈山西教案善后章程八条》，列出了具体防止民教纠纷的八条方案，对基督教的活动进行解释，希望官府一视同仁对待。[36]1902年5月，李提摩太及敦崇礼夫妇等一行数人由沪抵晋，具体筹备利用赔款开办"中西大学堂"事宜。但因山西大学堂已经开办，双方经磋商决定分别开设中斋、西斋，并于同年6月7日签订《中西大学堂改为山西大学堂专斋合同》二十三条，合同规定将中西大学堂改为西学专斋，山西从赔款中拿出50万两作为西学专斋经费，由李提摩太代为经理十年。1902年6月26日，山西大学堂西学专斋正式开学，由李提摩太出任总理，敦崇礼出任总教习。

此外，为了纪念义和团中被杀的传教士，山西官方"先举行受难人殡葬，建筑新茔，一切仪式，非常隆重"[37]。在太原、忻州、代州等地都有类似仪式

---

33 《西士李提摩太君上李傅相办理山西教案章程》，《北京新闻汇报》光绪二十七年（1901年）五月初一日，第5-6页；另见程宗裕编：《教案奏议汇编》卷1，上海书局，1901年，第12-13页。

34 《晋抚赵奏山西各属教案一律情形折》，《约章成案汇览》乙篇：卷34（下：成案），上海点石斋刻本，1905年。

35 《岑春煊致全权大臣电信》，王彦威辑：《西巡大事记》卷9，北平外交史料编纂处，1933年，第53页。

36 《教士敦崇礼条陈山西教案善后章程》，《皇朝经世文新编续集》卷19，商绛雪斋书局，1902年，第14-15页。

37 张近衡：《浸会庚子信徒遇难记》，《真光杂志》1937年第36卷第2号，第15页。

举行，如忻州州牧奉山西巡抚的命令，于 1901 年在南关的西原红堂沟为死亡的外籍传教士修坟立碑。[38] 对于防范教案，李提摩太在 1901 年向李鸿章提出的《教案善后章程》还建议："传教章程万不可与和约相背……教士不可干预词讼；地方官不可将教中教外自行其是，均当持平办理"等[39]，以杜绝教案的发生。他在同年出版的《五洲教案纪略》中，纵论五大洲的教案事务，在最后提出《议息中国教案新章》，主张使各教自由，请教士协办学校，京师设立教务部[40]，但多未被清政府采纳。外务部于 1902 年初发布的《山西教案善后章程》十二条，则对当地官员、教士及教民、民众的活动进行了约束。[41]

第三节　民教关系的缓和与紧张

义和团运动之后，经《辛丑条约》规定惩处排外官员，朝廷排外情绪大减，清政府及各地也加强对教会及传教士的保护。如 1901 年，袁世凯在山东发布《保教简明章程》，规定"凡有境内教堂教士，责成该文武地方官随时妥为照料保护，倘有焚抢扰害重案绪多，除撤任留辑外，定即遵旨从严惩办"。[42]这种特别的保护，使原本就享有各种特权的基督教，获得了更为有利的保障与发展机遇。而且清政府于 1902 年推行新政，大力鼓励兴办新式学堂，特别是随着科举制废除，教会学校中非基督徒入学日益增多，教会在华教育日益得到社会承认。

在基督教会方面，在华教会认识到此前的直接布道对国人的影响有限，于是转变传教策略，而是以创办教会学校、医院等社会事业为重要手段，来改变国人特别是士绅、读书人对基督教的看法，进而吸引他们入教。而且教会兴办的学校、医院因先进的资源与服务，日渐受到民众认可，民教矛盾也不再同之前那般尖锐。李提摩太 1905 年也提到："现在慈善性的学校与医院分布在帝国的各个角落，现在现代教育与医院的优势被深深信服，以至于中国人非常乐意为这两项必需的事业捐赠金钱。"[43]但受中西文化冲突影响，当时民众仍将基

---

38 范堆相：《忻州地区宗教志》，山西人民出版社，1993 年，第 255 页。

39 《教案善后章程》，《北京新闻汇报》光绪二十七年（1901 年）五月初九日，第 4 页。

40 李提摩太：《五洲教案纪略》，华洋书局，1901 年，第 23 页。

41 章程全文参见：中国第一历史档案馆、福建师范大学历史系编：《清末教案》第 3 册，中华书局，1998 年，第 230-236 页。

42 《时事：官谕》，《汇报》1901 年第 261 号，第 488 页。

43 *The Baptist World Congress, London, July 11-19,1905*, London: Baptist Union Publication Department, 1905, p.113.

督教视为洋人的宗教而排斥，如 1908 年，陕西西安浸礼会某牧师在宣讲时，"突有一旗人某，跃然而至，斥骂曰，吾辈本皇家族，素不与外人伍，而私投洋人，非我类也"[44]，并将宣讲牧师痛打。

在义和团运动中遭受重创的英国浸礼会，也开始适应中国的特殊国情。如该会在《英教士山东传教章程》中即开始考虑中国传统文化影响，如规定："古圣贤劝人孝弟，为善之语，本教士民无不钦服，并劝习教者不准诽谤古训、侮慢圣贤。教士入中原恪守圣言，顺从华礼，不敢或越。在官绅前自宜尊敬，以及事大事小应行华礼，不得损越。华民习道乃系中国赤子，倘遇讼事、国课、官差、杂税等件，俱归地方官管理，与平民一律。……本会建造教堂甚为留意，如实在与土著有碍，情愿设法让避。教士在内地多系居住中国房屋，若有建造，随稍具西国款式，亦不甚高，总不建造高塔高楼。"[45]由此可见，浸礼会在义和团运动之后也开始反思教会作为，约束传教士及基督徒行为，中西文化冲突在一定程度上得到了调适，这也为中国教会本色化提供了契机。但仍有少数民众受士绅鼓动的反教行为，如"1904 年春，三原县附近庙张村一带传出杀毛子的呼声，百余名群众在张某的组织下，密谋攻打福音村，赶走大毛子，杀尽二毛子。三原知县闻知此事，怕引起国际纠纷，担待不起，于是差人星夜赶往福音村，告知英国传教士，使其迅速逃往西安。"[46]中国教徒也纷纷逃散躲避。

对于清末频发的革命党反清活动，浸礼会传教士处于自身利益及基督信仰的考虑，基本站在维护当局政府立场上，他们反对暴力流血革命斗争，但又出于人道主义情怀，对参加革命者给予保护。当时教会学校学生出于爱国之心，多参加游行甚至革命，传教士虽不赞成，但却给予保护，免受政府迫害。1911 年辛亥革命时，山东浸礼会开办的青州崇实学堂学生为支持革命，"有革辫换帽者 10 余人，及牧师教习闻知，以为太早，且易招风，遂令装者不得出院。"[47]而且由于传教士作为外国人的身份，各方势力都不会轻易得罪他们，故在动乱时期，民众往往聚集在教堂或传教士周围寻求庇护。如在 1911 年陕西辛亥革命中，浸礼会在延安的传教士司慕德（E. F. Borst Smith）因传教士的特殊身份，"延安城的各阶层民众都来咨询司慕德，征询他的意见和建议。不

44 孙毓芳：《以善胜恶》，《中西教会报》1908 年第 191 册，第 51 页。

45 李刚己：《教务纪略》，文海出版社，1987 年，第 101-102 页。

46 王雪：《基督教与陕西》，中国社会科学出版社，2007 年，第 278 页。

47 于向荣：《战关声中之山东教会》，《中西教会报》1912 年第 233 册，第 53 页。

同帮派、组织的人也都来探望他。司慕德还多次收到参加宴会的邀请，若去赴宴，就会坐在受人尊敬的位子上。"[48]而他也曾出面请求知府赦免某些革命党人的罪状，一些通缉的革命党也藏在其家中得到保护。当时许多秘密会党成员参加革命，但在教会眼中，会党却被视为暴徒、土匪。司慕德即曾对此指责说："在陕西的著名的秘密会党——哥老会是很强大的，它的会员几乎全部是社会上的愚昧和叛逆之徒，革命党的计划与宗旨受到这部分为数众多而不负责任的暴徒的损害"[49]实际在 1911 年陕西辛亥革命时期，革命军虽然张贴布告要求保护外国人，但西安的传教士在躲避暴乱过程中，也有遭到暴徒的抢劫与殴打情况出现，所幸并未造成传教士被杀，后来革命军还将扣押的浸礼会传教士释放并归还了他们的财物。

民国成立后，北京政府推行宗教信仰自由政策，人民有信教之自由，基督徒身份得以合法化，政府也在保护传教士，这都利于英国浸礼会在华传教。但基督教与儒家文化间深层次的矛盾冲突并未解决，特别是知识分子及官员阶层仍将基督教视为帝国主义文化侵略，各种矛盾的积累导致了 1922-1927 年持续数年的非基督教运动，从而掀起第二次反教高潮。非基运动时期，国共两党也积极参与引导运动开展，除了知识分子刊文反对基督教外，部分民众及学生也经常参加反教的游行示威，且扰乱教会礼拜秩序，鼓动信徒退教，呼吁政府反教，对基督教的正常教务造成了严重影响，但反教活动已经相对理性，未出现义和团运动中那般对传教士与基督徒的屠杀。

就英国浸礼会活动地区的情况看，也受非基运动的影响较大。1924 年，在全国非基督教运动"收回教育主权"口号的影响下，浸礼会所在的山东济南和青州都成立了非基督教同盟，进行了反教的宣传。如 1925 年 12 月 12 日，济南非基督教大同盟发表宣言，历述基督教作为帝国主义文化侵略工具的行径，号召工人、农民、学生，尤其是教会学校的学生，"毁灭文化侵略的工具！打倒帝国主义的先锋——基督教。[50]同时，该同盟还发布《告各界同胞书》，尤其是专门的《告教会同学书》，希望他们在教会学校成立非基督教同盟支部，揭露基督教压迫青年的事实，组织学生参加反帝与反基督教运动、退出教会学

48　史红帅编著：《西方人眼中的辛亥革命》，三秦出版社，2012 年，第 136 页。

49　王雪：《基督教与陕西》，中国社会科学出版社，2007 年，第 276 页。

50　山东省档案馆、山东社会科学院历史研究所合编：《山东革命历史档案资料选编》
　　第 1 辑，山东人民出版社，1981 年，第 74 页。

校等。[51]济南、青州、周村等地的学生与民众也纷纷散发反基督教的传单，罢课游行，打呼打倒基督教与帝国主义口号，破坏教徒的正常宗教活动，要求学校在政府立案。然而这种非基督教同盟的活动，教会学校的学生甚少参与，但他们却积极参与反帝爱国运动。在山西传教区，非基督教运动因1925年五卅惨案的发生更加激化，因浸礼会为在山西的英国差会唯一代表，故该会大受攻击。"打倒帝国主义之口号，数闻于新建之大礼拜堂内，反基督宣传之标语，大书特书于教会之门墙。赴堂礼拜者人数骤减，崇实学生罢课参加爱国运动。"[52]山西教务受运动冲击，信徒人数日渐减少，教徒数在1923年也仅有250人。[53]陕西同样出现非基督教运动。1925年12月13日，西安非基督教大同盟正式开会成立，并且函告全国非基督教大同盟，陕西渭北非基督教大同盟等团体，成立陕西非基督教大同盟，统一指导陕西非基运动开展。后西安各学校陆续成立非基运动大同盟，开展非基督教运动周，组织讲演团进行反基督教的宣传与游行，还发动学生到教堂与传教士、基督徒展开辩论，并在圣诞节举行非基督教运动大会，启发民众反对基督教的觉悟。[54]同年12月，在浸礼会活动的三原、延安各地学生也成立非基督教同盟，组织非基运动周，开展宣传、讲演与游行，反对帝国主义利用基督教侵略中国，试图收回教育权。如1925年圣诞节，三原举行"非基"大会，大会一致通过了收回教育权，不准当局保护教徒，教会学校同学应即日退出教会学校等决议，会后进行了示威游行。[55]1927年圣诞节时，西安爆发了非基运动学生与基督教会的冲突，而在陕西耀县也发生了有农民和学生参加的针对英国浸礼会的非基大同盟运动。因英国浸礼会抗议耀县的非基运动，民众捣毁了英国浸礼会的牌匾，并举行了示威游行，高呼口号，张贴"打倒帝国主义"、"反对帝国主义在中国传教"、"基督教是帝国主义侵略中国的工具"等标语，号召耀县的信徒自动退出基督教。[56]

---

51 济南市档案馆、中共济南市委党史委编：《济南革命历史档案资料选编》第1辑，济南出版社，1991年，第261-262页。

52 李湧泉：《山西浸礼会》，中华全国基督教协进会编：《中华基督教会年鉴》第11期，1931年，第42页。

53 E.W.Burt, *Fifty Years in China*, London: The Carey Press,1926,p.99.

54 中共陕西省委党校史教研室等编：《新民主主义革命时期陕西大事记述》，陕西人民出版社，1980年，第97-98页。

55 陕西省地方志编纂委员会编：《陕西省志：共青团志》第62卷，陕西人民出版社，2007年，第260页。

56 宋多三：《英国浸礼会在耀县》，《陕西文史资料》第16辑，陕西人民出版社，1984年，第256页。

在此运动期间，中国基督徒的爱国觉悟也得以提升，如 1927 年，陕西西安浸礼会基督徒还发布宣言，呼吁同全国同胞一起实行铲除一切不平等条约，并反对为帝国主义服务的传教士，希望外国传教士也和基督徒合作努力废除不平等条约，以证明他们是为基督而来，而不是为帝国主义的政府而来，并努力实现本色教会[57]。受非基督教运动的冲击，浸礼会的老教徒日益减少，新入教者寥寥无几，日常的礼拜也是参加者较少，教堂一度出现萧条景象。一些地方教会工作无法开展，完全处于停顿状态，不少基督徒产生了消极情绪，甚至退出教会。浸礼会传教士为了安全，只能暂时躲避，许多教会学校也被迫提前放假，以防止学生参加反对基督教运动。地方当局出于保护传教士的责任，对于该运动期间，学生的游行示威多是采取禁止驱散，甚至一度逮捕了部分激进学生，但在声势浩大的群众运动中，地方当局的阻止行为的实际效果甚微。

南京国民政府成立后，平息了非基督教运动，继续允许基督教的传播，保护传教士。此时期因基督教引发的中外交涉已属少数，远低于晚清时期的教案频发，基督教虽然仍被民众视为外来宗教，但民众已经逐渐对其存在表示了认同，民教关系得以缓和。特别是教会学校、医院在此时期因其良好的服务，已赢得广大民众的认可，在教会学校入学的非基督教学生日渐增多，教会医院更是成为很多富人的首选治疗医院。当时虽然没有大规模的教案，但因战乱频繁、土匪众多，却时常有抢劫甚至杀害传教士案件发生。如 1928年春，陕西渭南一带农民革命运动高涨，该地三张镇发生了针对浸礼会的教案。当地农民自卫队成员将在此搭建布道棚传道，并散发宗教册子的浸礼会教徒殴打，钟兰溪、张清莲二人当场死亡，另有两名基督徒受重伤，后渭南县政府对死伤教徒给予抚恤，并向教会致歉。[58]当时山东、山西及陕西各地更是土匪横行，战乱四起，传教士生命安全受到威胁。陕西浸会传教士描述道："当时传教士遭遇的事，就像理想小说一般。有几位因躲避的路太窄了，传教士宋志诚（Donald Smith）夫妇被暴徒打伤，打伤后委弃在路旁，不省人事。有几位医生因为寻找病人及受伤的都丧了命。"[59]再如 1928 年 11 月，浸礼会女教士曼恩（Grace M. Mann）在从太原到忻州途中，遭遇土匪抢劫并被枪杀身亡。[60]

57　《西安基督教浸礼会华信徒宣言》，《真光》1927 年第 26 卷第 3 号，第 75 页。

58　袁明仁等主编：《三秦历史文化辞典》，陕西人民教育出版社，1992 年，第 376 页。

59　吴立乐：《浸会在华布道百年略史》，浸会书局，1936 年，第 162 页。

60　"Lady Missionary's Murder", *The Observer*, Nov. 18,1928,p. 18.

在此时期，地方党部仍然将基督教视为帝国主义文化侵略工具，继续鼓动民众反教，其也取代了晚清时期地方士绅的反教领导作用。特别是当时政府要求教会学校立案，再次激起民众收回教育权的反基督教运动，时有破坏教会正常运转的事情发生。如 1929 年 12 月 17 日，当山东浸礼会统会在益都县举行时，因该会所办的守善中学迟迟未在政府立案，部分学生及县党部成员大闹会场，捣毁基督教堂，并将部分教友拘押于县党部。同年圣诞礼拜期间，该会周村区会教堂又遭到长山县党部房崇岭率领部分工人的破坏，搅乱礼拜秩序，摇旗呐喊，口呼"打倒基督教"，并在教堂内外张贴反教标语。[61]后应英国浸礼会请求，中华基督教会全国总会于 1930 年 1 月将此两案报告行政院，请其训令山东省府，责成两县释放被捕的青州教友，秉公处理长山打砸教堂一案[62]。因关系到英国基督教利益，行政院于 1930 年 1 月 16 日即令山东省府秉公办理，责成保障，为此山东省政府主席陈调元命山东省党务整理委员会查照，并分令长山、益都两县妥为保护教会，[63]才平息这一风波。实际在南京国民政府统治时期，民众尽管未从根本上认同接受基督教，但暴力反教行为已经甚少。

因基督教反对暴力革命，对于农民运动之类的群众运动，传教士多持消极态度，主张维护政府权威，并且在乡村布道时也劝导民众安于现状，认罪悔改。如 1928 年前后，陕西农民运动兴盛时，"传教士对教民们说这里形势不好，到处都有土匪（指采取革命行动的农民），叛乱的人太多了，我们要赶快把福音传给他们，让这些人信仰耶稣，得到拯救，免得误人迷途，这样世道也就平安了。"[64]一些农民为其宣传所动，放弃了革命行动，教会的所为一定程度上也迎合了统治阶层的需求。而在抗战时期及三年国共内战时期，英国浸礼会传教士仍从基督博爱精神出发，参与救济灾荒及战乱中的难民，而且其开办的教会学校、医院及慈善机构已经较好地融入了当地的教育、医疗体系中，民众亦习惯了基督教的存在，民教关系趋于平稳。

---

61 《掀然大波之山东反教运动》，《总会公报》1930 年第 2 卷第 4-5 期合刊，第 455-456 页。

62 《中华基督教会全国总会关于山东青州、周村两地学生工人反对基督教奴化，结队捣毁教堂，请责成处理，致国民党政府行政院代电（1930 年 1 月）》，国民政府行政院档案，中国科学院近代史研究所南京史料处选辑：《帝国主义利用宗教侵华史料》，1960 年。

63 《掀然大波之山东反教运动》，《总会公报》1930 年第 2 卷第 4-5 期合刊，第 458 页。

64 李因信：《西安基督教会历史简编》，西安市基督教三自爱国运动委员会，1987 年，第 29 页。

英国浸礼会自鸦片战争后开始到中国传教，克服了重重阻力，不断调适改善民教关系，直至 1952 年才撤出中国。基督教强烈的普世信仰促使传教士在中华大地广播福音，并将此视为自己的宗教使命，但其试图达到"中华归主"的愿望却并未如愿。不可否认，早期来华的部分传教士不了解当地风土民情，盲目排斥中国的传统文化与宗教，让民众放弃祭祖、民间信仰转而信仰基督教，这种粗暴的方式往往会引发民教纠纷。当然也有李提摩太等来华传教士，在与中国社会接触过程中，开始熟悉并融入中国社会与文化，也在试图尝试基督教的本土化，将基督信仰与中国传统文化互相协调共存，并改善了民众对基督教的认识。中国民众出于民族主义、文化冲突等因素反对基督教传播可以理解，但是部分官僚乡绅鼓动民众盲目地暴力反教却不值得肯定，这种形式只会激化民教冲突，对整个国家也是危害甚大，这在义和团运动中有深刻体现。

英国浸礼会在经历义和团运动、非基督教运动冲击后，在内部也进行反身改变，试图使教会更加适应民众需要，并通过大力举办社会事业进行间接传教，一定程度上改善了民教关系。民众虽然逐步接受教会开办的学校，医院，但民教最本质的冲突并未解决。基督教作为一神性宗教，带有强烈的排他性，必然与广大乡村盛行的迷信，民间宗教，佛教、道教等信仰发生冲突，"乡间之多神思想、福利志愿与一神教之布道宗旨、牺牲精神更形杆格"[65]。基督教所宣扬的人皆有罪、以至原罪论等，亦常被国人误解，且与儒家的性善说水火不相容，如此自然招来民众的敌视与误解。因此，晚清、民国时期的民众始终对基督教未取得根本认同。而且作为典型的"制度性宗教"代表的基督教，更与中国传统社会超稳定结构所不相容，反而与世俗社会密切结合的民间宗教等"分散性宗教"，更加容易被中国民众接受。更为重要的是，中国传统儒家文化重视现世与物质，而基督教文化则重视来世与灵魂，两种文化间的格格不入，这也是导致基督教始终未能中国化的重要原因。故直至英国浸礼会撤出中国，当时在浙江、山东、山西、陕西等地的入教民众，仍属少数，其数量远远不如佛教、民间信仰的信徒。

---

65 赵琪修：《胶澳志》，1928 年铅印本，卷三：民社志（四：宗教），第 69 页。

结语：近代中国基督教史研究反思

　　新世纪以来，近代中国基督教史研究取得了可喜的成果，吸引了多学科学者的广泛参与，且出现了一批高质量的学术论著，研究领域、研究方法都出现多元化的趋势。但通过前文有关基督教与近代中国变局的相关专题研究可知，目前仍有许多问题值得继续深化研究。

一、史料的进一步挖掘

　　当前虽然国家图书馆、广西师范大学出版社影印了一批基督教中西史料，但部分研究还是多使用地方史志、资料结集等二手史料，而对与基督教直接相关的外文资料却明显使用不足。这些外文资料多以差会原始档案、传教士论著，书信及差会年度报告、教会历史等形式呈现，且在上海市档案馆、北京大学图书馆、国家图书馆、华中师范大学东西文化交流中心等机构有所收藏，在耶鲁大学神学院图书馆也有来华欧美差会年度报告、教会期刊、教会大学档案等电子版资料，皆对基督教研究大有帮助，需要国内学界加强挖掘利用。除了教会内部的资料外，在当时《民国日报》《申报》《大公报》等教会之外的报纸及期刊上，也有大量的基督教的报道，也应引起研究者的重视。希望未来国内学者可与海内外出版社合作推出中国基督教史料的专辑，方便学界利用。在当前的基督教史料中，有关教会在华开展活动的记载相当之多，但对于教会活动所引起的地方政府、民众反应的史料却相当缺乏，有待学者需要利用各地档案馆中的史料进一步挖掘。

　　不可忽视的是，在美国对外关系文件、英国外交部档案等欧美国家的外交档案中，也有大量的传教士在华活动的记载，值得学界重视利用。同时，民国时期还有大量的日文资料，也涉及到了欧美基督教在华的事业，如外务省文化事业部编的《欧米人の支那に於ける文化事业》、东亚研究所第一调查委员会编：《诸外国の对支投资》及满铁调查报告，都是应作为研究参考的资料。因部分民国时期的基督徒仍健在，对他们进行口述采访，了解民国基督教教会活动实况，也是有价值的史料。而且近代中国基督教仍留有大量的遗迹，许多学校医院的前身都与基督教有直接联系，而对上述地方进行田野调查，也可丰富学界对基督教的认识。

二、基督教史研究与中国近代史研究的结合

目前学界研究对近代中国基督教史的研究还是多停留在对教会历史本身探讨，对基督教与近代中国的关系方面，除了晚清教案、太平天国及义和团相关问题外，其余方面则关注不多。正是由于此故，也导致基督教史研究在当前近代史研究中仍是属于冷门偏科，实际上并不是部分港台学者所称的"显学"。

但基督教却在近代中国社会产生了广泛影响，其在华兴办学校医院及慈善机构，传播西方文明，引领开启了中国教育、医疗事业的现代化，更是培养了大量中国社会急需的改革人才，孙中山、蒋介石、孔祥熙、冯玉祥等一批民国政要也是著名的基督徒，许多传教士更是亲身参与历次中国重大改革及革命。为此，建议学界除了关注上述名人基督徒外，还应加强袁世凯、李鸿章、曾国藩、张之洞、胡适、晏阳初等各界精英人士与基督教关系的考察，同时还应关注传教士在鸦片战争、洋务运动、甲午中日战争、辛亥革命、北伐战争、抗日战争、解放战争等近代史重大事件中的表现，特别利用传教士所写亲历见闻资料，考察传教士在中国对外交涉、中外交流中的作用，这都有利于深化近代政治史及中外关系史的相关研究。

基督教在近代社会转型中起到的特殊作用，应放在整个近代中国社会大背景下，结合内外部环境、社会关系、经济发展水平、文化教育水平等综合考虑，而不能孤立的考察，应在基本搞清史实基础上给予评价。诸如近代中国的政教、民教关系，传教士与地方当局的交往，传教士对国共两党的态度，社会各阶层与基督教的冲突融合等问题皆值得继续研究，也可丰富近代史研究的领域。

三、研究领域从外围到内部的深化

当前基督教史研究多是围绕基督教的外围进行研究，重视基督教会在华教育、医疗等社会事业及社会福音派传教士，而忽视基督教最本职的布道事业，也缺少对基要派传教士及本土布道人员的关注；在研究对象上也是多偏重城市教会及精英基督徒，而忽视对农村教会及下层信徒活动的探讨，且重视对基督教在华活动的单向叙述，缺乏政府及民众对其活动反应的考察。

在研究时段上，学界对于晚清时期及北洋政府时期、南京政府前十年的关注较多，而对抗战时期、解放战争时期的基督教史研究，仍显得薄弱。近代中国基督教的本土化也是重要的研究议题，需要依靠中外史料详细考察西方来华差会如何适应中国社会文化，开展自治、自传及自养的本土化探索，加强不同地区教会本土化的比较；更为重要的是，目前学界多探讨西方教会在华活动，反而对灵恩派、真耶稣教会等本土教会的关注较少。而上述问题，都是以后研究应努力的方向。

尽管近代中国基督教史研究中许多基本史实还有待挖掘，但应避免近代史研究中"碎片化"倾向，应选取有典型、代表性的史实进行考察；而在区域个案考察中，对于安徽、湖南、山西、西藏、新疆等研究较少的区域基督教活动还应加强研究，尽快完成区域基督教史的写作，但应归纳总结各自区域的传教特色。与之相关的是，由于在华基督教教派众多，且活动区域广泛，故撰写一部相对齐全完整的基督教通史仍然难度较大，需各相关领域学者相互合作完成。

在具体的研究问题上，目前学界对英美来华传教士研究较多，反而对加拿大、瑞典、爱尔兰、德国等国的来华新教传教士的关注较少，以后也应加强。学界对教会大学个案研究较多，对金陵神学院、华北神学院、燕京宗教学院、北平汇文神学院等神学教育机构及著名的教会中小学的个案研究却明显不足，对著名教会医院、慈善机关个案及教会的财政经费问题也有待加强。对于中华续行委办会、中华基督教会、中华全国基督教协进会、救世军、广学会等近代基督教在华重要机构的研究上，也是比较薄弱。由于历史及现实原因，大陆学界赵紫宸、吴雷川、刘廷芳等著名基督徒研究的成果丰硕，对普通的基督徒群体以及倪柝声、王明道、宋尚节等基督徒的关注较少，而在港台地区则对这些人物研究较多，以后还需重视对这些在海外教会影响甚大的基督徒研究。

　　此外，在学术交流方面，大陆学界还应关注港台、欧美学界研究的最新成果，借鉴学习他们的研究新视角与理论，避免重复性研究。所谓的教内、教外研究人员也应各取所长，既要避免研究过程中神学色彩太浓，也要加强对基本史实的考证，共同深化拓展近代中国基督教史研究，构建有中国特色，中国风格的基督教史自主知识体系。

参考文献

一、近代教会报刊

（一）中文报刊

《教会新报》《万国公报》《总会公报》《中华归主》《文社月刊》《兴华》
《真光》《通问报》《圣公会报》《信义报》《女铎》《中华基督教教育季刊》
《广闻录》《道声》《田家半月报》《中国学运》《青年进步》《女青年月刊》
《消息》《同工》《华北公理会月刊》《金陵神学志》《真理与生命》《谷声》
《希望月刊》《协进》《天风》《浸会通讯》《基督教丛刊》

（二）外文报刊

1. 张西平主编：《中国丛报（Chinese Repository）》（全 20 册），广西师范大学出版社，2008 年。

2. 中国博医会编：《博医会报（China Medical Journal）》（全 42 册），国家图书馆出版社，2013 年。

3. 中国教育会编：《教育季报（Educational Review）》（全 24 册），国家图书馆出版社，2013 年。

4. （英）陶维新夫人等编：《华西教会新闻（The West China Missionary News）》（全 32 册），国家图书馆出版社，2013 年。

5. 许海燕、陶飞亚编：《近代基督教史料汇编》（全 30 册），国家图书馆出版社，2021 年。[1]

---

1 该资料收录 7 种外文期刊：分别是《中国差会之声》（China Mission Advocate），

6.《中国亿兆》（China's Millions）

7.《教务杂志》（The Chinese Recorder）

8.《华北与山东差会》（North China and Shantung Mission）

9.《中华全国基督教协进会公报》（The Bulletin of National Christian Council of China）

10.《中国基督教大学公报》（The Christian Universities of China Bulletin）

11.《中国基督教教育会公报》（The China Christian Educational Association Bulletin）

二、中文资料

1. 季理斐编：《庚子教会受难记》，上海美华书馆，1903 年。

2. 李刚己编：《教务纪略》，南洋官报局，1905 年。

3. 沈祖恩等辑：《教务辑要》，江西官纸刷印所，1908 年。

4. 柴莲馥编：《庚子教会华人流血史》，上海中华圣教书会，1911 年。

5. 谢洪赉：《中国耶稣教会小史》，上海华美书局，1911 年。

6. 中国基督教教育调查会：《中国基督教教育事业》，商务印书馆，1922 年。

7. 中华基督教全国协进会编：《基督教全国大会报告书》，协和书局，1923 年。

8. 中华基督教全国总会：《中华基督教全国总会第二届常会纪念册》，上海，1930 年。

9. 中华基督教青年会全国协会编：《中华基督教青年会年鉴》，上海，1931-1938 年。

10. 中华基督教全国总会：《第三届常会议录及第六届续行委员部年会记录》，厦门，1933 年。

11. 吴立乐：《浸会在华布道百年略史》，中华浸会书局，1936 年。

12. 冯绍荣等编：《中华浸会百周年纪念报告书》，广州，1936 年。

13. 中华基督教青年会：《中华基督教青年会五十周年纪念册》，青年协会书局，1935 年。

《福州信使》（The Foochow Messenger），《海南通讯》（Hainan Newsletter），《兴华报》（The China Christian Advocate），《汾州》（Fenchow），《华西教区通讯》（The Bulletin of the Diocese of Western China)及《安庆通讯》（The Anking Newsletter）。

14. 中华基督教会全国总会：《中华基督教会全国总会第四届总议会议录》，青岛，1937年。

15. 王治心：《中国基督教史纲》，青年协会书局，1940年。

16. 中华基督教卫理公会：《中华基督教卫理公会百周年纪念册》上海，1947年。

17. 中华基督教会全国总会：《中华基督教会全国总会第五届总会议会录》，苏州，1948年。

18. 中华基督教全国协进会编印：《订正中国基督教团体调查录》，上海，1950年。

19. 邵玉铭编：《二十世纪中国基督教问题》，正中书局，1980年。

20. 中研院近代史研究所编：《教务教案档》第1-7辑，台北，1974-1981年。

21. 中华续行委办会、中华全国基督教协进会编：《中华基督教会年鉴》全14册，中国教会研究中心，1983年影印。

22. 庾裕良等编：《天主教基督教在广西资料汇编》，广西民族出版社，1985年。

23. 林荣洪编：《近代华人神学文献》，中国神学研究院，1986年。

24. 李楚材编：《帝国主义侵华教育史资料：教会教育》，教育科学出版社，1987年。

25. 中国第一历史档案馆等编：《清末教案》（全6册），中华书局，1996-2006年。

26. 张西平、卓新平主编：《本色之探：20世纪中国基督教文化学术论集》，中国广播电视出版社，1999年。

27. 王美秀、任延黎编：《东传福音》（全28册），黄山书社，2005年。

28. 中华续行委办会调查特委会编：《1901-1920年中国基督教调查资料》，中国社会科学出版社，2007年。

29. 郭大松编：《中西文化交流的先驱和桥梁：近代山东早期来华基督新教传教士及其差会工作》，人民日报出版社，2007年。

30. 解成编：《基督教在华传播系年》河北卷，天津古籍出版社，2008年。

31. 秦和平、申晓虎编：《四川基督教资料辑要》，巴蜀书社，2008年。

32. 张先清、赵蕊娟编：《中国地方志基督教史料辑要》，东方出版中心，2010年。

33. 李天纲编：《万国公报文选》，中西书局，2012 年。

34. 卓新平、杨富学主编：《中国西北宗教文献·基督教与景教》，甘肃民族出版社，2012 年。

35. 唐晓峰主编：《民国时期非基督教运动重要文献汇编》，社会科学文献出版社，2015 年。

36. 王强主编：《近代教会大学历史文献丛刊》（全 80 册），凤凰出版社，2015 年。

37. 陶飞亚主编：《汉语基督教珍稀文献丛刊》第一辑（全 10 册），广西师范大学出版社，2017 年。

38. 广州基督教青年会编：《中国基督教青年会史料汇编》第一、二辑，宗教文化出版社，2019 年，2022 年。

39. 唐晓峰、李韦主编：《抗日战争时期基督宗教重要文献汇编》，社会科学文献出版社，2020 年。

40. 周伟驰主编：《太平天国与基督教研究资料选编》，社会科学文献出版社，2022 年。

三、外文资料

1. 国家图书馆藏：美国公理会档案（Papers of the American Board of Commissioners for Foreign Missions）

2. 国家图书馆藏：美国北长老会档案（Presbyterian Board of Foreign Mission, 1833-1911）

3. 国家图书馆藏：英国长老会档案（Presbyterian Church of England Foreign Missions Archives, 1847-1950）

4. 国家图书馆藏：世界基督教差会档案（Council for World Mission Archives）

5. 国家图书馆藏：国际宣教协会档案（International Missionary Council Archives,1910-1961）

6. 国家图书馆藏：英国伦敦会档案（London Missionary Society Archives）

7. 国家图书馆藏：英国教会档案（Conference of British Missionary Societies Archives）

8. 国家图书馆藏：英国圣道公会档案（Wesleyan Methodist Missionary Society Archive）

9. 国家图书馆藏：中国内地会档案（China Inland Mission, 1865-1951 : from the School of Oriental and African Studies）

10. 国家图书馆藏：英国圣公会档案（Church Missionary Society Archive）

11. 国家图书馆藏：卫理宗档案（Missionary Files: Methodist Church, 1912-1949）

12. 北京大学图书馆藏：英国浸礼会档案（Baptist Missionary Society Archives, 1792-1914）

13. 耶鲁大学神学院图书馆藏：亚洲基督教高等教育联合董事会的档案（United Board for Christian Higher Education in Asia）

14. 香港中文大学崇基学院图书馆藏：中国传教士口述史料（China Missionaries Oral History Collection）

15. 上海市档案馆藏：中国教会档案。

16. 陈肃等主编：《美国明尼苏达大学馆藏基督教男青年会档案：英文中国年度报告（1896-1949）》（全20册），广西师范大学出版社，2012年。

17. 本书编委会编：《中国基督教年鉴》（全24册），国家图书馆出版社，2013年。

18. Alexander Wylie, *Memorials of Protestant Missionaries to the Chinese*, Shanghai, 1867.
   伟烈亚力：《基督新教在华传教士名录》，上海，1867年。

19. *Records of the General Conference of the Protestant Missionaries of China, held at Shanghai, May 10-24, 1877*, Shanghai, 1878.
   《1877年在华新教传教士大会记录》，上海，1878年。

20. *Records of the General Conference of the Protestant missionaries of China, held at Shanghai, May 7-20, 1890*, Shanghai, 1890.
   《1890年在华新教传教士大会记录》，上海，1890年。

21. *The China Mission Hand-Book*, Shanghai, 1896.
   《中国基督教差会教会手册》，上海，1896年。

22. *China Centenary Missionary Conference Records*, New York, 1907.
   《基督教入华百年大会记录》，纽约，1907年。

23. D.Macgillivray (editor), *A Century of Protestant Missions in China, 1807-1907*, Shanghai, 1907.
   季理斐主编：《基督教在华百年史，1807-1907》，上海，1907年。

24. Thomas Cochrane, *Survey of the Missionary Occupation of China*, Shanghai, 1913.

科克伦：《中国教会调查》，上海，1913 年。

25. *The Chinese Church as Revealed in The National Christian Conference Held in Shanghai, May 2-11, 1922*. Shanghai ,1922.

《1922 年全国基督教大会记录》，上海，1922 年。

26. K.S.Latourette, *A History of Christian Missions in China*, New York,1929.

赖德烈：《基督教在华传教史》，纽约，1929 年。

27. C.L.Boynton(ed), *The Handbook of Christian Movement in China under Protestant Auspices* ,Shanghai, 1936.

鲍引登编：《基督教在华传教运动手册》，上海，1936 年。

28. *Directory of Protestant Missions in China*，Shanghai,1910-1937.

《中国基督教差会指南》，上海，1910-1937 年。

29. *The Annual Report of the American Board of Commissioners for Foreign Missions*.

《美国公理会年度报告》

30. *The Annual Report of the American Baptist Foreign Mission Society*.

《美国北浸礼会年度报告》

31. *The Report of the General Synod of the Chung Hua Sheng Kung Hui*.

《中华圣公会年度报告》

32. *The Annual Report of the Baptist Missionary Society*.《英国浸礼会年度报告》

33. *The Annual Report of the Board of Foreign Missions of the Presbyterian Church, in the United States of America*.《美国北长老会年度报告》

34. 外务省文化事业部：《欧米人の支那に于ける文化事业》，東京，1938 年。

四、工具书

1. 吴盛德、陈增辉编：《教案史料编目》，燕京大学宗教学院，1941 年。

2. 赵天恩：《中国基督教史书目初编》，中国神学研究院，1970 年。

3. 中华福音神学院编：《中国基督教史研究书目：中日文专著与论文目录》，中华福音神学院，1981 年。

4. 中国社会科学院近代史研究所所编译室：《近代来华外国人名词典》，中国社会科学出版社，1981 年。

5. 郭卫东主编:《近代外国在华文化机构综录》,上海人民出版社,1993 年。

6. 王维江、廖梅:《基督教文化研究中心论著索引(1949-1993)》,《基督教与近代文化》,上海人民出版社,1994 年。

7. 吴梓明、梁元生主编:《中国教会大学文献目录》第 1-5 辑,香港中文大学崇基学院,1996-1998 年。

8. 陈剑光、庞君华主编:《中国新方志中所基督宗教资料索引(1980-1998)》,中国宗教文化研究社,1998 年。

9. 边晓利等编:《中国基督教史论文索引(1949-1997)》,《基督宗教研究》第 1 辑,社会科学文献出版社,1999 年。

10. 卓新平主编:《基督教小词典》,上海辞书出版社,2001 年。

11. 马长林、吴小新主编:《中国教会文献目录:上海市档案馆珍藏资料》,上海古籍出版社,2002 年。

12. 林美玫编:《祷恩述源:台湾学者基督宗教专书论文引得(1950-2005)》,宗博出版社,2006 年。

13. 金以枫主编:《1949 年以来基督宗教研究索引》,社会科学文献出版社,2007 年。

14. 王国华编译:《美国爱默蕾大学图书馆藏来华传教士档案使用指南》,广西师范大学出版社,2008 年。

15. 张西平主编:《〈中国丛报〉篇名目录及分类索引》,广西师范大学出版社,2008 年。

16. 居蜜、杨文信合编:《基督教在中国:美国国会图书馆亚洲部藏十九世纪传教士中文文献解题》,汉世纪数位文化股份有限公司,2009 年。

17. 陶飞亚,杨卫华:《基督教与中国社会研究入门》,复旦大学出版社,2009 年。

18. 雷立柏编:《中国基督宗教史辞典》,宗教文化出版社,2013 年。

19. 张美兰编:《美国哈佛大学哈佛燕京图书馆藏晚清民国间新教传教士中文译著目录提要》,广西师范大学出版社,2013 年。

20. 陈晰编:《美国欧柏林大学档案馆藏来华传教士档案使用指南》,广西师范大学出版社,2015 年。

21. 国家图书馆编:《民国时期总书目》宗教分册,国家图书馆出版社,2021 年。

22. Clayton H.Chu, *American Missionaries in China:Books,Articles and Pumphlets Ertracted from the Subject Catalugue of the Missionary Research Library*, 1960.

朱信编：《美国传教士在中国：从传教士研究图书馆选取的论著目录》，剑桥市，1960 年。

23. Leslie R.Marchant,,*A Guide to the Archives and Records of Protestant Christian Missions from the British Isles to China,1796-1914*,Perth,1966.

马钱特编：《基督新教从不列颠群岛到中国传教的档案和记录指南（1796-1914 年）》，珀斯，1966 年。

24. K. L. Lodwick, *Chinese Recorder Index : a Guide to Christian Missions in Asia, 1867-1941*,Wilmington,1986.

罗凯琳编：《〈教务杂志〉杂志索引：亚洲基督教差会指南（1867-1941)》，威尔明顿，1986 年。

25. Wu Xiaoxin(ed), *Christianity in China: A Scholars's Guide to Resources in the Libraries and Archives of the United States*, New York, 2009.

吴小新主编：《美国图书馆及档案馆藏中国基督教史料指南》，纽约，2009 年。

26. R. G. Tiedemann, *Reference Guide to Christian Missionary Societies in China*, London, 2009.

狄德满编：《中国基督教差会研究指引》，伦敦，2009 年。

27. R. G. Tiedemann, *Handbook of Christianity in China*, Vol.II, London, 2010.

狄德满编：《基督教在中国手册》第 2 卷，伦敦，2010 年。

五、中文著作

1. 徐松石编著：《华人浸信会史录》，浸信会出版部，1972 年。

2. 魏外扬：《宣教事业与近代中国》，宇宙光出版社，1978 年。

3. 杨森富：《中国基督教史》，台湾商务印书馆，1978 年。

4. 吴利明：《基督教与中国社会的变迁》，基督教文艺出版社，1981 年。

5. 查时杰：《中国基督教人物小传》，中华福音神学院，1983 年。

6. 林治平编：《基督教入华百七十年纪念集》，宇宙光出版社，1984 年。

7. 卢茨著，曾钜生译：《中国教会大学史》，浙江教育出版社，1987 年。

8. 张力、刘鉴唐：《中国教案史》，四川省社会科学院出版社，1987年。

9. 汤清：《中国基督教百年史》，香港道声出版社，1987年。

10. 章开沅、林蔚主编：《中西文化与教会大学》，湖北教育出版社，1991年。

11. 陈银昆：《清季民教冲突的量化分析（1860-1899)》，台湾商务印书馆，1991年。

12. 查时杰：《民国基督教史论文集》，宇宙光出版社，1993年。

13. 朱维铮主编：《基督教与近代文化》，上海人民出版社，1994年。

14. 顾卫民：《基督教与近代中国社会》，上海人民出版社，1994年。

15. 高时良：《中国教会学校史》，湖南教育出版社，1994年。

16. 陶飞亚、刘天路：《基督教会与近代山东社会》，山东大学出版社，1995年。

17. 梁家麟：《福临中华：中国近代教会史十讲》，香港天道书楼，1995年。

18. 谭双泉：《教会大学在近现代中国》，湖南教育出版社，1995年。

19. 顾学稼主编：《中国教会大学史论丛》，成都科技大学出版社，1995年。

20. 宋家衍：《加拿大传教士在中国》，东方出版社，1995年。

21. 章开沅主编：《文化传播与教会大学》，湖北教育出版社，1996年。

22. 何晓夏、史静寰：《教会学校与教育近代化》，广东教育出版社，1996年。

23. 邢福增：《基督教信仰与救国实践：二十世纪前期的个案研究》，建道神学院，1997年。

24. 李志刚：《基督教早期在华传教史》，台湾商务印书馆，1998年。

25. 章开沅编：《社会转型与教会大学》，湖北教育出版社，1998年。

26. 吴洪成：《中国教会教育史》，西南师范大学出版社，1998年。

27. 林治平：《基督教在中国的本色化》，今日中国出版社，1998年。

28. 李宽淑：《中国基督教史略》，社会科学文献出版社，1998年。

29. 史静寰、王立新：《基督教教育与中国知识分子》，福建教育出版社，1998年。

30. 陶飞亚、吴梓明：《基督教大学与国学研究》，福建教育出版社，1998年。

31. 林荣洪：《中华神学五十年》，中国神学院，1998年。

32. 李湘敏：《基督教教育与近代中国妇女》，福建教育出版社，1999年。

33. 徐以骅：《教会大学与神学教育》，福建教育出版社，1999年。

34. （奥）雷立柏：《论基督之大与小：1900-1950年华人知识分子眼中的基督教》，社会科学文献出版社，2000年。

35. 黄新宪:《基督教教育与中国社会变迁》,福建教育出版社,2000 年。

36. 王忠欣:《基督教与中国近现代教育》,湖北教育出版社,2000 年。

37. 姚民权、罗伟虹:《中国基督教简史》,宗教文化出版社,2000 年。

38. 罗秉祥,赵敦华主编:《基督教与近代中西文化》,北京大学出版社,2000 年。

39. 胡卫清:《普遍主义的挑战:近代中国基督教教育研究》,上海人民出版社,2000 年。

40. 鲁珍晞著,王成勉译:《所传为何?基督教在华宣教的检讨》,台北"国史馆",2000 年。

41. 郭卫东:《中土基督》,云南人民出版社,2001 年。

42. 吴梓明:《基督教大学华人校长研究》,福建教育出版社,2001 年。

43. 林治平主编:《从险学到显学:中原大学 2001 年海峡两岸三地教会史研究现况研

44. 讨会论文集》,宇宙光出版社,2002 年。

45. 赵春晨等著:《基督教与近代岭南文化》,上海人民出版社,2002 年。

46. 郭德焱:《基督教新教传教士与广州口岸》,广东人民出版社,2002 年。

47. 罗冠宗主编:《前事不忘、后事之师:帝国主义利用基督教侵略中国事实述评》,宗教文化出版社,2003 年。

48. 吴梓明:《基督宗教与中国大学教育》,中国社会科学出版社,2003 年。

49. 秦和平:《基督宗教在西南民族地区的传播史》,四川民族出版社,2003 年。

50. 齐小新:《口述历史分析:中国近代史上的美国传教士》,北京:北京大学出版社,2003 年。

51. 刘天路、刘家峰:《抗日战争时期的基督教大学》,福建教育出版社,2003 年。

52. 林金水主编:《台湾基督教史》,九州出版社,2003 年。

53. 杨大春:《晚清政府基督教政策初探》,金城出版社,2004 年。

54. 顾长声:《传教士与近代中国》,上海人民出版社,2004 年。

55. 何凯立著,陈建明译:《基督教在华出版事业》,四川大学出版社,2004 年。

56. 东人达:《滇黔川边基督教传播研究(1840-1949)》,人民出版社,2004 年。

57. 顾长声：《从马礼逊到司徒雷登：来华新教传教士评传》，上海书店出版社，2005年。

58. 章开沅：《传播与植根：基督教与中西文化交流论集》，广东人民出版社，2005年。

59. 陶飞亚：《边缘的历史：基督教与近代中国》，上海古籍出版社，2005年。

60. 芳卫廉著，刘家峰译：《基督教高等教育在变革中的中国》，珠海出版社，2005年。

61. 刘家峰主编：《离异与融会：中国基督徒与本色教会的兴起》，上海人民出版社，2005年。

62. 罗世龙主编：《天津中华基督教青年会与近代天津文明》，天津人民出版社，2005年。

63. 杨天宏：《基督教与民国知识分子：1922-1927年中国非基督教运动研究》，人民出版社，2005年。

64. 左芙蓉：《社会福音、社会服务与社会改造：北京基督教青年会历史研究》，宗教文化出版社，2005年。

65. 胡卫清：《潮汕地区基督教传播研究（1881-1949）》，广东人民出版社，2005年。

66. 李炽昌：《文本实践与身份辨识：中国基督徒知识分子的中文著述：1583-1949》，上海古籍出版社，2005年。

67. 康志杰：《教士东来：长江流域的基督教》，武汉出版社，2006年。

68. 秦和平：《基督宗教在四川传播史稿》，四川人民出版社，2006年。

69. 魏外扬：《中国教会的使徒行传：来华宣教士列传》，宇宙光出版社，2006年。

70. 陶飞亚编：《性别与历史：近代中国妇女与基督教》，上海人民出版社，2006年。

71. 何小莲：《西医东渐与文化调适》，上海古籍出版社，2006年。

72. 徐以骅：《中国基督教神学教育史论》，宇宙光出版社，2006年。

73. 秦和平：《基督宗教在四川传播史稿》，四川人民出版社，2006年。

74. 杨森富：《中华基督教本色论文集》，宇宙光出版社，2006年。

75. 邢军著，赵晓阳译：《革命之火的洗礼：美国社会福音和中国基督教青年会（1919-1937）》，上海古籍出版社，2006年。

76. 段怀清：《传教士与晚清口岸文人》，广东人民出版社，2007 年。

77. 董丛林：《龙与上帝：基督教与中国传统文化》，广西师范大学出版社，2007 年。

78. 王成勉：《将根扎好：基督教在华教育的检讨》，黎明文化出版社，2007 年。

79. 尹文涓主编：《基督教与中国近代中等教育》，上海人民出版社，2007 年。

80. 肖耀辉、刘鼎寅：《云南基督教史》，云南大学出版社，2007 年。

81. 中国基督教协会等编：《传教运动与中国教会》，宗教文化出版社，2007 年。

82. 张先清编：《史料与视界：中文文献与中国基督教史研究》，上海人民出版社，2007 年。

83. 吴雷川：《基督教与中国文化》，上海古籍出版社，2008 年。

84. 赵晓阳：《基督教青年会在中国：本土和现代的探索》，社会科学文献出版社，2008 年。

85. 赵厚勰：《雅礼与中国：雅礼会在华教育事业研究（1906-1951）》，山东教育出版社，2008 年。

86. 陈建明、刘家峰主编：《中国基督教区域史研究》，巴蜀书社，2008 年。

87. 孙崇文：《学生生活图景：世俗内外的教育冲突》，教育科学出版社，2008 年。

88. 刘家峰：《中国基督教乡村建设运动研究（1907-1950）》，天津人民出版社，2008 年。

89. 肖会平：《合作与共进：基督教高等教育合作组织对华活动研究》，山东教育出版社，2009 年。

90. 龚道运：《近世基督教和儒教的接触》，上海人民出版社，2009 年。

91. 王雪：《基督教与陕西》，中国社会科学出版社，2009 年。

92. 左芙蓉：《基督教与近现代北京社会》，巴蜀书社，2009 年。

93. 赖德烈著，雷立柏等译：《基督教在华传教史》，道风书社，2009 年。

94. 颜小华：《相遇、对话与调适：美国长老会在华南的活动研究（1837-1899）》，兰州大学出版社，2009 年。

95. 蓝希峰：《民国时期基督教社会服务研究：以江西基督教农村服务联合会黎川实验区为个案》，宗教文化出版社，2010 年。

96. 杨思信、郭淑兰：《教育与国权：1920 年代中国收回教育权运动研究》，光明日报出版社，2010 年。

97. 特木勒主编：《多元族群与中西文化交流：基于中西文献的新研究》，上海人民出版社，2010 年。

98. 刘天路编：《身体·灵魂·自然：中国基督教与医疗、社会事业研究》，上海人民出版社，2010 年。

99. 吴义雄：《地方社会文化与近代中西文化交流》，上海人民出版社，2010 年。

100. 刘树森编：《基督教在中国：比较研究视角下的近现代中西文化交流》，上海人民出版社，2010 年。

101. 龚缨晏编著：《浙江早期基督教史》，杭州出版社，2010 年。

102. 杨天宏：《救赎与自救：中华基督教会边疆服务研究》，三联书店，2010 年。

103. 谢铭：《近代广西基督教研究》，线装书局，2010 年。

104. 徐以骅：《中国基督教教育史论》，广西师范大学出版社，2010 年。

105. 刘天路编：《身体·灵魂·自然：中国基督教与医疗、社会事业研究》，上海人民出版社，2010 年。

106. 李传斌：《条约特权制度下的医疗事业：基督教在华医疗事业研究》，湖南人民出版社，2010 年。

107. 梁冠霆：《留美青年的信仰追寻：北美中国基督教学生运动研究》，上海人民出版社，2010 年。

108. 李榭熙著、雷春芳译：《圣经与枪炮：基督教与潮州社会（1860-1900）》，社会科学文献出版社，2010 年。

109. 孙顺华：《基督教传播与近代青岛社会文化研究》，中国社会科学出版社，2010 年。

110. 李金强、刘义章：《烈火中的洗礼：抗日战争时期的中国教会（1937-1945）》，宣道出版社，2011 年。

111. 林美玫：《追寻差传足迹：美国圣公会在华差传探析（1835-1920）》，广西师范大学出版社，2011 年。

112. 林美玫：《妇女与差传：19 世纪美国圣公会女传教士在华差传研究》，社会科学文献出版社，2011 年。

113. 邓杰：《医疗与布道：中华基督教会在川康边地的医疗服务研究》，中国社会科学出版社，2011 年。

114. 李传斌：《基督教与近代中国不平等条约》，湖南人民出版社，2011 年。

115. 周东华：《民国浙江基督教教育研究》，中国社会科学出版社，2011 年。

116. 吴巍巍：《西方传教士与晚清福建社会文化》，海洋出版社，2011 年。

117. 王树槐：《基督教与清季中国的教育与社会》，广西师范大学出版社，2011 年。

118. 吕实强：《近代中国知识分子反基督教问题论文集》，广西师范大学出版社，2011 年。

119. 陶飞亚：《冲突的解释：基督教与近代中国政治》，广西师范大学出版社，2011 年。

120. 陈建明：《激扬文字广传福音：基督教在华文字事工》，广西师范大学出版社，2012 年。

121. 陶飞亚：《中国的基督教乌托邦研究：以民国时期耶稣家庭为例》，人民出版社，2012 年。

122. 宝贵贞、宋长虹：《蒙古民族基督宗教史》，宗教文化出版社，2012 年。

123. 李志刚：《基督教与近代中国人物》，广西师范大学出版社，2012 年。

124. 张永广：《近代中日基督教教育比较研究》，上海社会科学院出版社，2012 年。

125. 郭卫东：《中国近代特殊教育史研究》，高等教育出版社，2012 年。

126. 吴宁：《没有终点的到达：美南浸信会在华南地区的传教活动》，宗教文化出版社，2013 年。

127. 谭树林：《传教士与中西文化交流》，三联书店，2013 年。

128. 马敏：《基督教与中西文化融合》，华中师范大学出版社，2013 年。

129. 岱峻：《风过华西坝：战时教会五大学纪》，江苏文艺出版社，2013 年。

130. 赵轶峰编：《文本、地域与解释的新视角：中国东北地区的基督宗教与中西文化交流》，上海人民出版社，2013 年。

131. 胡卫清：《苦难与信仰：近代潮汕基督徒的宗教经验》，三联书店，2013 年。

132. 陈智衡：《合一非一律：中华基督教会历史》，建道神学院，2013 年。

133. 孙秀玲：《近代中国基督教大学社会服务研究》，山东人民出版社，2013 年。

134. 陈建明：《近代基督教在华西地区文字事工研究》，巴蜀书社，2013 年。

135. 李灵、陈建明主编：《基督教文字传媒与中国近代社会》，上海人民出版社，2013 年。

136. 陈俊伟主编：《基督教研究方法论》，宗教文化出版社，2014 年。

137. 罗伟虹主编：《中国基督教（新教）史》，上海人民出版社，2014 年。

138. 赵树好：《晚清教案交涉研究》，人民出版社，2014 年。

139. 董延寿：《基督新教在河南的传播与发展研究（1883-1949）》，人民出版社，2014 年。

140. 简·亨特著，李娟译：《优雅的福音：20 世纪初的在华美国女传教士》，三联书店，2014 年。

141. 姚伟钧、胡俊修主编：《基督教与 20 世纪中国社会》，广西师范大学出版社，2014 年。

142. 邱广军：《基督教与近代中国东北社会（1866-1931）》，中国社会科学出版社，2014 年。

143. 吴小新编：《远方叙事：中国基督宗教研究的视角方法与趋势》，广西师范大学出版社，2014 年。

144. 赵树好：《晚清教案与社会变迁研究》，人民出版社，2015 年。

145. 林美玫：《信心行传：中国内地会在华差传探析（1865-1926）》，社会科学文献出版社，2015 年。

146. 谢竹艳：《中国近代基督教大学外籍校长办学活动研究（1892-1947）》，福建教育出版社，2015 年。

147. 张龙平：《国家、教育与宗教：基督教教育会与近代中国》，中国社会科学出版社，2015 年。

148. 王晓蕾：《全球地域化视域下的天津青年会研究（1895-1949）》，中国社会科学出版社，2016 年。

149. 张先清：《跨文化接触：基督教与近代中西对话》，中国社会科学出版社，2016 年。

150. 王德硕：《北美的中国基督教史研究述论》，上海人民出版社，2016 年。

151. 赵晓阳：《当代中国基督宗教史研究》，中国社会科学出版社，2016 年。

152. 陶飞亚、杨卫华编：《汉语文献与中国基督教研究》，上海大学出版社，2016 年。

153. 刘海涛：《河北基督教史》，宗教文化出版社，2016 年。

154. 马光霞：《中西并重：监理会在华事业研究（1848-1939）》，基督教文艺出版社，2016 年。

155. 段琦：《奋进的历程：中国基督教的本色化》，商务印书馆，2017 年。

156. 谭厚锋等著：《贵州基督教史》，中央民族大学出版社，2017 年。

157. 左芙蓉：《华北地区的圣公会》，宗教文化出版社，2017 年。

158. 黄光域：《基督教传行中国纪年（1807-1949）》，广西师范大学出版社，2017 年。

159. 齐诚、马楠：《外国传教士与中国近代图书馆事业》，光明日报出版社，2017 年。

160. 章开沅、马敏主编，贝德士著：《贝德士中国基督教史著述选译》，上海社会科学院出版社，2017 年。

161. 赵晓阳：《域外资源与晚清语言运动：以〈圣经〉中译本为中心》，北京师范大学出版社，2018 年。

162. 李灵、肖清和主编：《基督教与近代中国教育》，上海译文出版社，2018 年。

163. 侯杰主编：《基督教与中国社会文化》，宗教文化出版社，2018 年。

164. 徐炳三：《扭曲的十字架：伪满洲国基督教研究》，科学出版社，2018 年。

165. 张德明：《基督教与华北社会研究（1927-1937）》，花木兰文化事业有限公司，2018 年。

166. 姚兴富：《江苏基督教史》，社会科学文献出版社，2018 年。

167. 王成勉主编：《日本帝国下的基督教会》，中央大学出版中心，2019 年。

168. 裴士丹著，尹文涓译：《新编基督教在华传教史》，基督教文艺出版社，2019 年。

169. 徐炳三：《近代中国东北基督新教研究（1867-1931）》，宗教文化出版社，2019 年。

170. 裴宜理主编：《异同之间：中国近代教会大学个案研究》，浙江人民出版社，2019 年。

171. 赵天恩：《中国教会本色化运动（1919-1927）：基督教会对现代中国反基督教运动的回应》，橄榄出版社，2019 年。

172. 苏精：《西医来华十记》，中华书局，2019 年。

173. 赵晓兰、吴潮：《传教士中文报刊史》，复旦大学出版社，2020 年。

174. 卓新平：《中国基督教》，中国社会科学出版社，2020 年。

175. 薛维华：《边缘风景：汉学期刊研究视域中的〈教务杂志〉》，中国社会科学出版社，2021 年。

176. 苏德华：《加拿大差会在四川的传教活动（1892-1952）》，宗教文化出版社，2021 年。

177. 杨习超：《冲突与交融：民国时期教会大学华人校长角色研究》，中国社会科学出版社，2021 年。

178. 边茜：《近代中国江南基督宗教文人研究（1868-1919）》，社会科学文献出版社，2021 年。

179. 章开沅等主编：《回顾与展望：中国教会大学史研究三十年》，宗教文化出版社，2022 年。

180. 吴义雄：《在宗教与世俗之间：基督教新教传教士在华南沿海的早期活动研究》，社会科学文献出版社，2022 年。

181. 阿尔文·奥斯汀著，李楠译：《中国亿兆：中国内地会与晚清社会（1832-1905）》，基督教文艺出版社，2022 年。

182. 张德明：《基督教五年运动与民国社会》，花木兰文化事业有限公司，2023 年。

183. 陈铃：《落幕：美国新教在华传教事业的终结（1945-1952）》，花木兰文化事业有限公司，2023 年。

184. 胡卫清：《近代中国教会的自立：以潮惠长老会为个案（1881-1949）》，宗教文化出版社，2023 年。

六、中文论文

1. 王美秀：《西方的中国基督宗教研究》，《世界宗教研究》1995 年第 4 期。

2. 罗志田：《传教士与近代中西文化竞争》，《历史研究》1996 年 6 期。

3. 马敏：《近年来大陆中国教会大学史研究综述》，《世界宗教研究》1996 年第 4 期。

4. 王立新：《晚清政府对基督教和传教士的政策》，《近代史研究》1996 年第 3 期。

5. 陶飞亚：《1949 年以来国内中国基督教史研究述评》，《近代中国基督教史研究集刊》1998 年创刊号。

6. 卓新平：《当代中国基督宗教研究》，《基督宗教研究》第 1 辑，社会科学文献出版社，1999 年。

7. 钟鸣旦：《基督教在华传播史研究的新趋势》，《基督教文化学刊》第 2 辑，人民日报出版社，1999 年。

8. 姚西伊：《本世纪二三十年代基要派——自由派之争与新教在华传教事业》，《道风：汉语神学学刊》1999 年第 10 期。

9. 聂资鲁：《百余年来美国的基督教在华传教史研究》，《近代史研究》2000 年第 3 期。

10. 王立新：《"文化侵略"与"文化帝国主义"：美国传教士在华活动两种评价范式辨析》，《历史研究》2002 年第 3 期。

11. 王立新：《后殖民理论与基督教在华传教史研究》，《史学理论研究》2003 年第 1 期。

12. 王立新：《近代基督教在华传教史研究的主要范式述评》，《东亚基督教再诠释》，香港中文大学出版社，2004 年。

13. 左芙蓉：《北京基督教青年会的历史研究现状与档案资料综述》，《北京社会科学》2004 年第 3 期。

14. 吴义雄：《自立与本色化：19 世纪末 20 世纪初基督教对华传教战略之转变》，《中山大学学报》2004 年第 6 期。

15. 陈建明：《中国基督教通史编撰述评》，《四川大学学报》2005 年第 2 期。

16. 吴梓明：《西方中国基督教史研究述评》，《国际汉学》第 12 辑，大象出版社，2005 年。

17. 邢福增：《近代中国基督教史的研究趋向：以美国及台湾地区为例》，《国际汉学》第 12 辑，大象出版社，2005 年。

18. 刘家峰：《近代中国基督教运动中的差会与教会关系概论》，《宗教学研究》2006 年第 4 期。

19. 李传斌：《20 世纪基督教在华医疗事业研究综述》，《南都学坛》2006 年第 4 期。

20. 吴梓明：《全球地域化：中国教会大学史研究的新视角》，《历史研究》2007 年第 4 期。

21. 陶飞亚：《西方学界中国基督教史研究刍议》，《基督宗教研究》第 12 辑，宗教文化出版社，2009 年。

22. 程翠英：《疏离与忠诚：20 世纪中国基督教本色化历程研究》，《华中师范大学学报》2009 年第 4 期。

23. 刘家峰：《基督教与民国时期的乡村识字运动》，《民国研究》第 15 辑，社会科学文献出版社，2009 年。

24. 张永广：《二十世纪上半叶中国基督教会合一运动述评》，《宗教学研究》2010 年第 4 期。

25. 胡成：《何以心系中国：基督教医疗传教士与地方社会（1835-1911）》，《近代史研究》2010 年第 4 期。

26. 葛壮：《评析民国前期基督新教的大发展》，《社会科学》2010 年第 4 期。

27. 陶飞亚、杨卫华：《改革开放以来的中国基督教史研究》，《史学月刊》2010 年第 10 期。

28. 杨思信：《民国政府教会学校管理政策演变述论》，《世界宗教研究》2010 年第 5 期。

29. 刘家峰：《近代中国基督教与伊斯兰教互动关系的研究回顾与前瞻》，《世界宗教文化》2011 年第 3 期。

30. 左芙蓉：《近代北京基督教史研究现状与史料利用综述》，《世界宗教研究》2012 年第 2 期。

31. 王晓辉、黑龙：《近三十年来近代东北基督教研究综述》，《宗教学研究》2013 年第 2 期。

32. 张德明：《民国北京基督教中文文献综述》，《北京史学论丛（2013 年）》，燕山出版社，2013 年。

33. 张德明：《民国山东基督教史料介绍及反思》，《基督教文字传媒与中国近代社会》，上海人民出版社，2013 年。

34. 吴义雄：《中国基督教史研究与区域社会史研究》，《史学月刊》2013 年第 10 期。

35. 刘家峰：《"中外新教合作建制"与近代基督教中国化研究》，《史学月刊》2013 年第 10 期。

36. 杨卫华：《港台中国基督教史研究 60 年》，《安徽史学》2014 年第 1 期。

37. 陶飞亚、王德硕：《美国亚洲学会年会中的中国基督教史研究》，《东岳论丛》2004 年第 1 期。

38. 陶飞亚：《中国基督教史研究的新趋向》，《基督宗教研究》第 17 辑，宗教文化出版社，2014 年。

39. 赵晓阳、郭荣刚：《60 年来中国基督新教史研究评析》，《世界宗教研究》2015 年第 3 期。

40. 张德明：《新世纪以来国内近代中国基督教史研究》，《基督教学术》第 13 辑，上海三联书店，2015 年。

41. 陶飞亚、李强：《晚清国家基督教治理中的官教关系》，《中国社会科学》2016 年第 3 期。

42. 尚季芳等：《近 60 年来中国西北地区基督教研究综述》，《基督宗教研究》第 20 辑，宗教文化出版社，2016 年。

43. 王德硕：《何为中心？——中国基督教史研究理论述评》，《基督教学术》第 15 辑，上海三联书店，2016 年。

44. 吴梓明：《民国时期教会大学的再审视》，《民国研究》第 32 辑，社会科学文献出版社，2017 年。

45. 陶飞亚：《中国近现代史与基督教》，《济南大学学报》2018 年第 5 期。

46. 赵盼：《民国时期基督教神学中国化的两条进路：本色神学与民间神学》，《基督教学术》第 22 辑，上海三联书店，2019 年。

47. 卓新平：《改革开放 40 年来的基督宗教研究》，《中国宗教》2019 年第 1 期。

48. 冯建勇：《"本土"关怀与"他者"眼光——民国时期边地外国教会的多元叙事》，《宗教学研究》2020 年第 4 期。

49. 谌畅：《近代中国基督教会的本色化运动：以中华基督教会为中心的考察》，《近代史学刊》第 22 辑，社会科学文献出版社，2020 年。

50. 陶飞亚、乔洋敏：《第一次世界大战与在华新教运动的权势转移》，《世界宗教研究》2021 年第 4 期。

51. 狄德满：《西方中国基督教研究的新方法》，《济南大学学报》2021 年第 3 期。

52. 金璐洁：《国内外中华基督教女青年会研究概述》，《宗教学研究》2022 年第 1 期。

53. 孙贝贝：《改革开放以来中国非基督教运动研究回顾》，《基督宗教研究》第 31 辑，宗教文化出版社，2022 年。

54. 马建标：《国际竞争的中国回响：1920 年代的非基督教运动再探》，《社会科学研究》2023 年第 4 期。

附　录

现将笔者历年来发表的有关近代中国基督教史的论著目录整理如下，按专题、时间顺序排列，以供学界指正。

一、英国浸礼会研究

《英国浸礼会近代在山东活动及影响》，《兰台世界》2009 年第 13 期。

《英国浸礼会近代在陕西活动述略》，《陕西基督教》2009 年第 3 期。

《冲击与调适：义和团运动前后的英国浸礼会在山东传教事业》，《山东师范大学学报》2011 年第 2 期。

《英国浸礼会在近代陕西慈善事业考略》，《东方论坛》2011 年第 3 期。

《英国浸礼会在华农村社会改良活动考略》，《古今农业》2011 年第 3 期。

《英国浸礼会与近代山西社会变迁论纲》，《唐都学刊》2012 年第 4 期。

《身体拯救与灵魂救赎：英国浸礼会在华教会医疗事业探论》，《南方论丛》2012 年第 4 期。

《福音东传：英国浸礼会在华布道事业论略》，《宗教学研究》2013 年第 1 期。

《知识与福音：近代教会博物馆与城市公共空间：以济南广智院为中心的考察》，《世界宗教研究》2013 年第 6 期。

《济南广智院与民国社会生活》，《民国研究》2013 年第 23 辑。

《英国浸礼会在近代陕西的教育改良活动》，《团结报》2013 年 9 月 5 日。

《近代基督教在华办学活动的探索与困境：以英国浸礼会在山东办学为中心》，《基督宗教研究》2014 年第 16 辑。

《适应与改变：英国浸礼会来华后的本色化历程探微》，《国际汉学》2014年第 26 辑。

《英国浸礼会在陕西的著名学校》，《陕西基督教》2017 年第 2 期。

《冲突与缓和：从英国浸礼会看近代民教关系演变》，《中国国家博物馆馆刊》2018 年第 10 期。

《李提摩太在山东活动述论》，《潍坊教育学院学报》2008 年第 1 期。

《从李提摩太看近代来华传教士》，《团结报》2011 年 2 月 24 日。

《李提摩太与晚清官员的交往》，《清史镜鉴》2015 年第 8 辑。

《"洋大人"李提摩太的晚清岁月》，《国家人文历史》2019 年第 15 期。

《李提摩太与山西教案善后》，《清史镜鉴》2020 年第 12 辑。

《李提摩太在中国的传教经历》，《文史天地》2021 年第 2 期。

二、燕京大学研究

《燕京大学与"一二九运动"论析》，《北方民族大学学报》2013 年 1 期。

《燕京大学对"九一八事变"的反应》，《党史研究与教学》2013 年第 2 期。

《教会大学与民国乡村建设：以燕京大学清河实验区为中心考察》，《北京社会科学》2013 年第 2 期。

《燕京大学宗教学院史话》，《北京档案》2013 年第 8 期。

《红旗下的新气象：1949 年燕京大学的初步改造论析》，《晋阳学刊》2019 年第 3 期。

《鼎革前后的博弈与调适：1949 年燕京大学的多重面相》，《中研院近代史研究所集刊》2020 年第 110 期。

《燕京大学教师与学生运动探论（1946-1948）》，《安徽史学》2020 年第 6 期。

《学生、教会与政党：解放战争时期燕京大学学生运动述论》，《中国国家博物馆馆刊》2022 年第 2 期。

《"孤岛"时期燕京大学抗日活动述论（1937-1941）》，《北京党史》2023 年第 4 期。

《北洋政府时期燕京大学的爱国学生运动》，《文史天地》2023 年第 9 期。

三、华北基督教研究

《基督教与华北社会研究（1927-1937）》，花木兰文化事业有限公司，2018年。

《近代山东教会博物馆探究》，《博物馆研究》2009年第3期。

《西方新教传教士与晚清山东赈灾述论》，《古今农业》2009年第4期。

《西化与改革：齐鲁大学图书馆历史初探》，《山东图书馆学刊》2011年第5期。

《1930年代的龙山乡村建设》，《中国社会科学报》2012年8月22日。

《福音与救济：晚清新教传教士与山东黄河水灾论略》，《江苏社会科学》2012年第4期。

《基督教女青年会与华北女子教育（1928-1937）》，《北京档案史料》2014年第1期。

《基督教女青年会与华北社会救济》，《团结报》2014年1月30日。

《美国美以美会与民国华北乡村建设》，《近代中国》2014年第23辑。

《战火中的福音：基督教传教士与1895年中日山东战事》，《史林》2015年第4期。

《自养与本色之深入：1929年世界经济危机冲击下的华北基督教》，《安徽史学》2015年第5期。

《国难下的基督教与民族主义：华北基督教抗日救亡运动探析》，《抗日战争研究》2016年1期。

《教会学校与民族主义：华北基督教学校抗日救亡运动探析》，《福建论坛》2015年第11期。

《齐鲁大学龙山乡村实验区乡村建设活动及特点述论》，《齐鲁学刊》2016年第6期。

《华北教会基督化家庭运动论析（1930-1937）》，《宗教学研究》2018年第3期。

《宗教与政治之间：从华北基督教看1927-1937年的政教关系》，《福建论坛》2018年第6期。

《教育与改良：20世纪30年代华北基督教教会学校乡村建设述论》，《北京社会科学》2018年第8期。

《华北教会基督化经济关系活动述论（1930-1937)》，《基督教学术》2020年第 23 辑。

《在地教育与福音传播：华北基督教中学立案后的宗教教育调适（1930-1937)》，《广东社会科学》2021 年第 3 期。

《教会与青年：1930 年代华北基督教青年事业述论》，《基督宗教研究》2022 年第 30 辑。

《基督教团体与 1930 年代华北教会中学宗教生活述论》，《金陵神学志》2022 年第 2 期。

四、其他专题

《基督教五年运动与民国社会》，花木兰文化事业有限公司，2023 年。

编注《罗运炎论道文选》，华宣出版有限公司，2023 年。

《挫折与复兴：民国基督教五年运动布道事业初探》，《民国档案》2012 年第 3 期。

《袁世凯与近代来华基督教》，《史学月刊》2013 年第 8 期。

《世俗与宗教之间：蒋介石与来华传教士（1927-1941)》，《社会科学辑刊》2013 年第 5 期。

《"一·二八"抗战中的上海基督教救济》，《天风》2015 年第 2 期。

《1937 年淞沪会战中的上海基督教救济》，《天风》2015 年第 8 期。

《1937 年七七事变中的基督教救济》，《天风》2017 年第 6 期。

《1931 年江淮水灾中的基督教救济》，《团结报》2017 年 7 月 13 日。

《从德福兰案看 20 世纪 30 年代初期的中美交涉》，《世界历史》2016 年第 6 期。

《福音与政治：从 1931 年山东德福兰案看传教士与地方社会》，《基督宗教研究》第 23 辑，2018 年。

《民国时期基督教中国化的探讨及局限》，《中国社会科学报》2019 年 4 月 2 日。

《美国传教士明恩溥的晚清中国观察》，《文史天地》2020 年第 4 期。

《从〈申报〉看日军对英美在华基督教的破坏（1937-1941)》，《军事历史研究》2020 年第 1 期。

《从〈申报〉看基督教在中国抗战中的救亡活动（1937-1941）》,《殷都学刊》2021 年第 1 期。

《民国大学与农村改良：乌江农业推广实验区述论》,《农业考古》2022 年第 4 期。

《民国时期罗运炎的社会改革思想及实践述论》,《北方论丛》2023 年第 1 期。

五、综述、书评文章

《区域基督教史研究的用心之作》,《鲁东大学学报》2008 年第 4 期。

《近代山东基督教新教档案史料研究》,《山东档案》2009 年第 2 期

《〈一位在中国山东 45 年的传教士：狄考文〉评介》,《东方论坛》2009 年第 5 期。

《民国山东基督教史料介绍及反思》,《基督教文字传媒与中国近代社会》,上海人民出版社，2013 年。

《民国北京基督教中文文献综述》,《北京史学论丛（2013）》,燕山出版社，2013 年。

《改革开放以来的近代山东基督教教育研究回顾及展望》,《文惠天下：登州文会馆与近代中国文化教育事业学术研讨会论集》,中国文史出版社，2014 年。

《新世纪以来国内近代中国基督教史研究》,《基督教学术》2015 年第 13 辑。

《21 世纪中国における近代中国キリスト教史研究》,《キリスト教文化》（日本）2019 年第 13 期。

后　记

本书是笔者关于近代中国基督教史研究的阶段性总结，涉及到基督教与近代中国政治、战争、社会等主题。从具体内容上看，主要涉及英国浸礼会、华北基督教、燕京大学等，而贯彻其中的主线则是近代来华基督教的本土化，这也是笔者一直以来关注的研究重点。

笔者涉足中国基督教史的研究，始于 2007-2010 年在山东师范大学攻读硕士研究生期间。因导师郭大松教授长期从事山东基督教史的研究，加之笔者的家乡山东省青州市为英国浸礼会近代在华的重要传教地，故硕士论文专门研究英国浸礼会近代在华活动，自此踏入近代中国基督教史研究领域。该论文共 30 余万字，被评为山东省优秀硕士论文，且在 2022 年以此论文为基础，以《英国浸礼会与近代中国社会研究》为题获得了国家社科基金后期资助。

2010 年，笔者有幸考入北京大学历史学系，跟随郭卫东教授攻读博士学位。鉴于硕士期间的研究基础，笔者在北京大学图书馆丰富的基督教史资料支撑下，博士论文选择研究 1930 年代基督教五年奋进布道运动在华北的开展情况，经过四年的努力，最终形成了近 40 万字的博士论文。因北京大学校园为燕京大学的旧址，且收藏了燕京大学的档案及大量相关报刊资料，笔者在博士期间也搜集了相关资料，发表了数篇燕京大学的研究论文。2014 年博士毕业后，笔者进入中国社会科学院近代史研究所博士后流动站工作。在博士后合作导师左玉河研究员的指导下，继续从事 1945-1949 年期间国共内战时期的华北基督教研究，在站期间获得中国博士后基金第 57 批面上资助。

2016 年博士后出站后，笔者留在近代史研究所工作，2019 年转到新成立的中国历史研究院历史理论研究所工作。在工作期间，除了继续发表有关基督教史的论文外，笔者将五年运动的研究范围扩展到全国，2017 年申请获得国家社科基金青年项目《五年运动与 1930 年代基督教中国化研究》，结项成果最终在 2023 年以《基督教五年运动与民国社会》出版；2018 年，还汇总部分民国华北基督教史的研究成果，出版了专著《基督教与华北社会研究（1927-1937)》。

近代中国基督教史的资料浩瀚且分散，搜集资料颇为不易。在研究的过程中，需要特别感谢国家图书馆、北京大学图书馆、中国第一历史档案馆、中国第二历史档案馆、上海市档案馆、北京市档案馆、山东省档案馆、香港中文大学图书馆、香港浸会大学图书馆等部门提供的大力支持。同时，也需要感谢来自两岸三地研究中国基督教史的同行前辈们的无私指导，如徐以骅教授、陈建明教授、陶飞亚教授、吴义雄教授、邢福增教授、王成勉教授、胡卫清教授、刘家峰教授、李传斌教授、赵晓阳研究员、唐晓峰研究员、刘国鹏研究员等学者，都通过不同方式给予帮助。此外，本书的大部分内容都已在国内的核心期刊发表，感谢相关编辑所提的宝贵修改建议。

目前笔者因在历史理论研究所的海外中国学研究室工作，对近代中国基督教史的研究会随着本书的出版暂告一段落，未来的研究重心将会进行新的学术方向转型，集中关注海外的中国历史研究。此书姑且算是对笔者 10 余年基督教史研究的一个总结吧！

《基督教文化研究丛书》

主编：何光沪、高师宁

（1-10 编书目）

初　编　（2015 年 3 月出版）

ISBN：978-986-404-209-8　　　　　　定价（台币）$28,000 元

册　次	作　者	书　名	学科别（／表示跨学科）
第 1 册	刘　平	灵殇：基督教与中国现代性危机	社会学／神学
第 2 册	刘　平	道在瓦器：裸露的公共广场上的呼告——书评自选集	综合
第 3 册	吕绍勋	查尔斯·泰勒与世俗化理论	历史／宗教学
第 4 册	陈　果	黑格尔"辩证法"的真正起点和秘密——青年时期黑格尔哲学思想的发展（1785 年至 1800 年）	哲学
第 5 册	冷　欣	启示与历史——潘能伯格系统神学的哲理根基	哲学／神学
第 6 册	徐　凯	信仰下的生活与认知——伊洛地区农村基督教信徒的文化社会心理研究（上）	社会学
第 7 册	徐　凯	信仰下的生活与认知——伊洛地区农村基督教信徒的文化社会心理研究（下）	社会学
第 8 册	孙晨荟	谷中百合——傈僳族与大花苗基督教音乐文化研究（上）	基督教音乐
第 9 册	孙晨荟	谷中百合——傈僳族与大花苗基督教音乐文化研究（下）	基督教音乐

册次	作者	书名	学科别
第 10 册	王媛	附魔、驱魔与皈信——乡村天主教与民间信仰关系研究	社会学
	蔡圣晗	神谕的再造，一个城市天主教群体中的个体信仰和实践	社会学
	孙晓舒 王修晓	基督徒的内群分化：分类主客体的互动	社会学
第 11 册	秦和平	20 世纪 50－90 年代川滇黔民族地区基督教调适与发展研究（上）	历史
第 12 册	秦和平	20 世纪 50－90 年代川滇黔民族地区基督教调适与发展研究（下）	
第 13 册	侯朝阳	论陀思妥耶夫斯基小说的罪与救赎思想	基督教文学
第 14 册	余亮	《传道书》的时间观研究	圣经研究
第 15 册	汪正飞	圣约传统与美国宪政的宗教起源	历史／法学

二 编 （2016 年 3 月出版）

ISBN：978-986-404-521-1　　　　　　定价（台币）$20,000 元

册次	作者	书名	学科别（／表示跨学科）
第 1 册	方耀	灵魂与自然——汤玛斯·阿奎那自然法思想新探	神学／法学
第 2 册	刘光顺	趋向至善——汤玛斯·阿奎那的伦理思想初探	神学／伦理学
第 3 册	潘明德	索洛维约夫宗教哲学思想研究	宗教哲学
第 4 册	孙毅	转向：走在成圣的路上——加尔文《基督教要义》解读	神学
第 5 册	柏斯丁	追随论证：有神信念的知识辩护	宗教哲学
第 6 册	李向平	宗教交往与公共秩序——中国当代耶佛交往关系的社会学研究	社会学
第 7 册	张文举	基督教文化论略	综合
第 8 册	赵文娟	侯活士品格伦理与赵紫宸人格伦理的批判性比较	神学伦理学
第 9 册	孙晨荟	雪域圣咏——滇藏川交界地区天主教仪式与音乐研究（增订版）（上）	基督教音乐
第 10 册	孙晨荟	雪域圣咏——滇藏川交界地区天主教仪式与音乐研究（增订版）（下）	
第 11 册	张欣	天地之间一出戏——20 世纪英国天主教小说	基督教文学

三　编　（2017 年 9 月出版）

ISBN：978-986-485-132-4　　　　　　　定价（台币）$11,000 元

册　次	作　者	书　名	学科别（／表示跨学科）
第 1 册	赵　琦	回归本真的交往方式——托马斯·阿奎那论友谊	神学／哲学
第 2 册	周兰兰	论维护人性尊严——教宗若望保禄二世的神学人类学研究	神学人类学
第 3 册	熊径知	黑格尔神学思想研究	神学／哲学
第 4 册	邢　梅	《圣经》官话和合本句法研究	圣经研究
第 5 册	肖　超	早期基督教史学探析（西元 1~4 世纪初期）	史学史
第 6 册	段知壮	宗教自由的界定性研究	宗教学／法学

四　编　（2018 年 9 月出版）

ISBN：978-986-485-490-5　　　　　　　定价（台币）$18,000 元

册　次	作　者	书　名	学科别（／表示跨学科）
第 1 册	陈卫真 高　山	基督、圣灵、人——加尔文神学中的思辨与修辞	神学
第 2 册	林庆华	当代西方天主教相称主义伦理学研究	神学／伦理学
第 3 册	田燕妮	同为异国传教人：近代在华新教传教士与天主教传教士关系研究（1807～1941）	历史
第 4 册	张德明	基督教与华北社会研究（1927～1937）（上）	社会学
第 5 册	张德明	基督教与华北社会研究（1927～1937）（下）	
第 6 册	孙晨荟	天音北韵——华北地区天主教音乐研究（上）	基督教音乐
第 7 册	孙晨荟	天音北韵——华北地区天主教音乐研究（下）	
第 8 册	董丽慧	西洋图像的中式转译：十六十七世纪中国基督教图像研究	基督教艺术
第 9 册	张　欣	耶稣作为明镜——20 世纪欧美耶稣小说	基督教文学

五 编 （2019 年 9 月出版）

ISBN：978-986-485-809-5　　　　　　　定价（台币）$20,000 元

册　次	作　者	书　名	学科别（／表示跨学科）
第 1 册	王玉鹏	纽曼的启示理解（上）	神学
第 2 册	王玉鹏	纽曼的启示理解（下）	
第 3 册	原海成	历史、理性与信仰——克尔凯郭尔的绝对悖论思想研究	哲学
第 4 册	郭世聪	儒耶价值教育比较研究——以香港为语境	宗教比较
第 5 册	刘念业	近代在华新教传教士早期的圣经汉译活动研究（1807～1862）	历史
第 6 册	鲁静如 王宜强 编著	溺女、育婴与晚清教案研究资料汇编（上）	资料汇编
第 7 册	鲁静如 王宜强 编著	溺女、育婴与晚清教案研究资料汇编（下）	
第 8 册	翟风俭	中国基督宗教音乐史（1949 年前）（上）	基督教音乐
第 9 册	翟风俭	中国基督宗教音乐史（1949 年前）（下）	

六 编 （2020 年 3 月出版）

ISBN：978-986-518-085-0　　　　　　　定价（台币）$20,000 元

册　次	作　者	书　名	学科别（／表示跨学科）
第 1 册	陈倩	《大乘起信论》与佛耶对话	哲学
第 2 册	陈丰盛	近代温州基督教史（上）	历史
第 3 册	陈丰盛	近代温州基督教史（下）	
第 4 册	赵罗英	创造共同的善：中国城市宗教团体的社会资本研究——以 B 市 J 教会为例	人类学
第 5 册	梁振华	灵验与拯救：乡村基督徒的信仰与生活（上）	人类学
第 6 册	梁振华	灵验与拯救：乡村基督徒的信仰与生活（下）	
第 7 册	唐代虎	四川基督教社会服务研究（1877～1949）	人类学
第 8 册	薛媛元	上帝与缪斯的共舞——中国新诗中的基督性（1917～1949）	基督教文学

七 编 （2021 年 3 月出版）

ISBN：978-986-518-381-3　　　　　　　　定价（台币）$22,000 元

册 次	作 者	书 名	学科别 （／表示跨学科）
第 1 册	刘锦玲	爱德华兹的基督教德性观研究	基督教伦理学
第 2 册	黄冠乔	保尔. 克洛岱尔天主教戏剧中的佛教影响研究	宗教比较
第 3 册	宾静	清代禁教时期华籍天主教徒的传教活动（1721 ～1846）（上）	基督教历史
第 4 册	宾静	清代禁教时期华籍天主教徒的传教活动（1721 ～1846）（下）	
第 5 册	赵建玲	基督教"山东复兴"运动研究（1927～1937）（上）	基督教历史
第 6 册	赵建玲	基督教"山东复兴"运动研究（1927～1937）（下）	
第 7 册	周浪	由俗入圣：教会权力实践视角下乡村基督徒的宗教虔诚及成长	基督教社会学
第 8 册	查常平	人文学的文化逻辑——形上、艺术、宗教、美学之比较（修订本）（上）	基督教艺术
第 9 册	查常平	人文学的文化逻辑——形上、艺术、宗教、美学之比较（修订本）（下）	

八 编 （2022 年 3 月出版）

ISBN：978-986-404-209-8　　　　　　　　定价（台币）$45,000 元

册 次	作 者	书 名	学科别 （／表示跨学科）
第 1 册	查常平	历史与逻辑：逻辑历史学引论（修订本）（上）	历史学
第 2 册	查常平	历史与逻辑：逻辑历史学引论（修订本）（下）	
第 3 册	王澤偉	17～18 世紀初在華耶穌會士的漢字收編：以馬若瑟《六書實義》為例（上）	语言学
第 4 册	王澤偉	17～18 世紀初在華耶穌會士的漢字收編：以馬若瑟《六書實義》為例（下）	
第 5 册	刘海玲	沙勿略：天主教东传与东西方文化交流	历史
第 6 册	郑媛元	冠西东来——咸同之际丁韪良在华活动研究	历史

第 7 册	刘影	基督教慈善与资源动员——以一个城市教会为中心的考察	社会学
第 8 册	陈静	改变与认同：瑞华浸信会与山东地方社会	社会学
第 9 册	孙晨荟	众灵的雅歌——基督宗教音乐研究文集	基督教音乐
第 10 册	曲艺	默默存想，与神同游——基督教艺术研究论文集（上）	基督教艺术
第 11 册	曲艺	默默存想，与神同游——基督教艺术研究论文集（下）	
第 12 册	利瑪竇著、梅謙立漢注 孫旭義、奧覓德、格萊博基譯	《天主實義》漢意英三語對觀（上）	经典译注
第 13 册	利瑪竇著、梅謙立漢注 孫旭義、奧覓德、格萊博基譯	《天主實義》漢意英三語對觀（中）	
第 14 册	利瑪竇著、梅謙立漢注 孫旭義、奧覓德、格萊博基譯	《天主實義》漢意英三語對觀（下）	
第 15 册	刘平	明清民初基督教高等教育空间叙事研究——中国教会大学遗存考（第一卷）（上）	资料汇编
第 16 册	刘平	明清民初基督教高等教育空间叙事研究——中国教会大学遗存考（第一卷）（下）	

九 编 （2023 年 3 月出版）

ISBN：978-626-344-236-8 定价（台币）$56,000 元

册 次	作 者	书 名	学科别（／表示跨学科）
第 1 册	郑松	麦格拉思福音派神学思想研究	神学
第 2 册	任一超	心灵改变如何可能？——从康德到齐克果	基督教哲学
第 3 册	劉沐比	論趙雅博基本倫理學和特殊倫理學之串連	基督教伦理学
第 4 册	王务梅	论马丁·布伯的上帝观	基督教与犹太教
第 5 册	肖音	明末吕宋之中西文化交流（上）	教会史

第 6 册	肖音	明末吕宋之中西文化交流（下）	
第 7 册	张德明	基督教五年运动与民国社会（上）	教会史
第 8 册	张德明	基督教五年运动与民国社会（下）	
第 9 册	陈铃	落幕：美国新教在华传教事业的终结（1945～1952）	教会史
第 10 册	黄畅	全球史视角下基督教在英国殖民统治中的作用——以 1841～1914 年的香港和约鲁巴兰为例	教会史
第 11 册	杨道圣	言像之辩：基督教的图像与图像中的基督教	基督教艺术
第 12 册	張雅斐	晚清聖經人物漢語傳記研究——以聖經在華接受史的視角	基督教艺术
第 13 册	包兆会	缪斯与上帝的相遇——基督宗教文艺研究论文集	基督教文学
第 14 册	张欣	浪漫的神学：英国基督教浪漫主义略论	基督教文学
第 15 册	刘平	明清民初基督教高等教育空间叙事研究——中国教会大学遗存考（第二卷：福建协和神学院）	资料汇编
第 16 册	刘平、赵曰北主编	传真道于中国——赫士及华北神学院百年纪念文集（第一册）	论文集
第 17 册	刘平、赵曰北主编	传真道于中国——赫士及华北神学院百年纪念文集（第二册）	
第 18 册	刘平、赵曰北主编	传真道于中国——赫士及华北神学院百年纪念文集（第三册）	
第 19 册	刘平、赵曰北主编	传真道于中国——赫士及华北神学院百年纪念文集（第四册）	
第 20 册	刘平、赵曰北主编	传真道于中国——赫士及华北神学院百年纪念文集（第五册）	

十　编　（2024 年 3 月出版）

ISBN：978-626-344-629-8　　　　　定价（台币）$40,000 元

册　次	作　者	书　名	学科别（／表示跨学科）
第 1 册	李思凡	奥古斯丁人学思想研究	神学研究
第 2 册	胡宗超	自律、他律到神律：蒂利希文化神学研究	神学研究
第 3 册	毕聪聪	以信行事：后现代语境的宗教信仰含义（上）	基督教与宗教学
第 4 册	毕聪聪	以信行事：后现代语境的宗教信仰含义（下）	

第 5 册	毕聪聪	基督教与近代中国变局	基督教与社会学
第 6 册	张德明	法国巴黎外方西藏传教会进藏活动研究（1844～1864）（上）	基督教与历史
第 7 册	张德明	法国巴黎外方西藏传教会进藏活动研究（1844～1864）（下）	
第 8 册	刘瑞云	我你他：通向圣灵文学之途（上）	基督教与文学
第 9 册	刘瑞云	我你他：通向圣灵文学之途（中）	
第 10 册	刘光耀	我你他：通向圣灵文学之途（下）	
第 11 册	〔英〕法思远 主编 郭大松、杜学霞 译	近代山东基督教历史资料译丛——中国圣省山东（上）	基督教史料
第 12 册	〔英〕法思远 主编 郭大松、杜学霞 译	近代山东基督教历史资料译丛——中国圣省山东（下）	
第 13 册	〔英〕令约翰、白多加 著 郭大松 译	近代山东基督教历史资料译丛——近代中国亲历记：瑞典浸信会山东宣教事工纪实	基督教史料
第 14 册	〔美〕奚尔恩 著 郭大松 译	近代山东基督教历史资料译丛——在山东前线：美国北长老会山东差会史（1861～1940）（上）	基督教史料
第 15 册	〔美〕奚尔恩 著 郭大松 译	近代山东基督教历史资料译丛——在山东前线：美国北长老会山东差会史（1861～1940）（下）